조선의 여성을 위해 의사가 된 독립운동가

현 덕 신

조선의 여성을 위해 의사가 된 독립운동가

| 현 | 덕 | 신 |

이동순 지음

이화여자대학교출판문화원

• 현덕신 (1896. 1. 12.~1963. 7. 5.)

| 책을 펴내며 |

그를 만난 시간,
그를 사랑한 시간

어느 날 그를 만났다. 내가 찾아간 것인지, 나를 찾아온 것인지 알 수는 없다. 다만 100년 전의 어린 여학생을 만났다는 기억뿐이다. 흰 저고리에 검정 치마를 입고 앳된 얼굴을 한 그를 만났다. 앳된 그였지만 눈빛이 유난히 빛났다. 그 뒤부터 나는 그를 만날 때마다 압도되었다. 한 치도 흐트러짐 없는 움직임과 절제력에 그랬다. 그를 만나는 날이 많아지면서 감정을 노출하지 않는 이성적이고 논리적인 말에 긴장되었다. 나라 잃은 슬픔의 바다를 건넌 때문이었는지도 모른다. 그래서인지 숨죽여 움직이는 지혜는 날쌨다. 아무도 모르게 재빨리 확실하게 움직였다. 남의 땅이라고 기죽지 않고 두려워하지도 않았다. 나는 그에게서 어떤 확신을 했다.

그렇게 한 사람을 만났다. 만나면서 어떻게 그럴 수 있었을까를 생각했다. 험난한 시대의 파고를 넘어 누구도 가지 않은 길을 가다니, 그와 같은 삶을 살 수 있을까, 생각해봐도 자신 없다. 그렇게 그를 만나 울고 웃고 있었던 어느 날이었다. 모르는 곳에서 전화가

왔다. 만나고 싶다고 했다. 아무도 관심이 없었고 알려고 하지 않았던 그를 만나서 그의 공로를 알리기 위해 애썼던 시간이었다. 국가보훈처에 사료를 모아 제출한 후 독립운동가로 훈격을 받게 만든 그날까지, 나는 그를 역사적인 자리에 올리기 위해서 고투했다. 그런데 독립유공자로 서훈을 받자마자 이화여고에서 자료를 요청해왔다. 그것은 내가 그를 만나는 동안 늘 바랐던 일이었다. 그렇게 이화여고 박물관에서 열린 3·1만세운동 100주년 기념전시회에 그의 자리가 생겼다. 그로부터 얼마 후에 이화의료원에서 연락이 왔다. 이화의료원은 과거에 그가 근무했던 병원, 동대문부인병원을 계승한 병원이다.

이화의료원 홍보팀이 광주로 내려왔다. 이화의료원의 시작이었던 보구녀관을 복원했다는 얘기, 현덕신 선생님에 대해서 더 자세히 알고 싶다는 얘기, 그리고 이화의료원 역사 복원 작업을 하고 있다는 얘기까지. 그 후 얼마 지나지 않아서 이화의료원을 방문했다. 유경하 의료원장님은 현덕신 선생님의 후배로서 부끄럽다는 얘기와 더불어 평전을 냈으면 좋겠다는 제안을 했다. 그렇게 해서 이 책이 나오게 되었다. 특별히 현덕신의 생애를 복원하여 역사적인 자리를 찾아주고 싶은 마음에 현덕신의 생애 연보와 현덕신이 쓴 글을 부록에 넣었다.

내가 만났던 그 사람, 현덕신은 이화학당 출신으로 일본으로 유학을 가서 동경여자의학전문학교를 졸업하고 의사가 되었으며 조선총독부의원과 동대문부인병원에서 여성과 어린이들을 진료하고 치료했다. 몇 안 되는 조선의 여성 의사로 사회적 책무를 등에 짊어진 삶을 기꺼이 받아들인 여걸이기도 했다.

그는 일본 유학 중에는 독립운동 자금을 마련하여 비밀리에 전달하기도 하고 독립만세운동을 한 혐의로 검속되기도 했다. 일본여자유학생친목회의 임원으로 활동하면서 여자유학생을 규합해나갔고, 일제의 감시 대상자가 되어서도 굴하지 않고 활동했다. 고학생동우회 임원으로서 고학생의 기숙사를 마련하려 애쓰기도 했다. 귀국해서도 경성여자청년회장으로, 여성독립운동단체 근우회 임원으로 조선의 여성을 위해서 전방위적으로 활동하면서 한 명이라도 더 치료하기 위해서 긴 머리채를 잘라 단발했으며 의사로서도 한 치의 흐트러짐이 없었다. 광주로 이주해서 현덕신병원을 열고 신생유치원과 신생보육학교를 설립하여 운영하면서 여성운동에도 소홀함이 없었던 그였다.

다 쓰고 보니 조선 사회와 조선 여성을 위하여 살겠다는 다짐을 평생 실천했던 그를, 현덕신의 삶을 고스란히 살려내기에는 턱없이 부족하다. 다만 실증적인 자료를 토대로 재구성하려고 애썼다는 것, 그리고 누군가가 부족한 부분을 또 채워줄 것이라는 기대로 부족함에 변명하고 싶다.

많은 시간이 흐르는 동안 그의 역사는 자취도 없이 사라지고 흩어졌다. 비록 너무 많이 늦었지만 죄송한 마음으로, 부끄러운 마음

으로, 당신을 닮아가고자 애쓰겠다는 말로 흘려보낸 시간에 사죄한다. 특별히 귀중한 사진첩을 내주신 현덕신의 후손, 그리고 이화의료원 유경하 의료원장님의 진심 어린 마음과 후의에 감사를 표한다.

2023년 겨울 광주에서
이동순

차례

책을 펴내며 그를 만난 시간, 그를 사랑한 시간 _ 5

1장 이화학당에 입학하다

이화학당의 학생이 되다 _ 14
평양 진명여학교 교사가 되다 _ 19
일본 유학을 결심하다 _ 24

2장 일본 유학: 의사의 길, 독립운동의 길

일본 유학길에 오르다 _ 32
동경여자의학전문학교에 입학하다 _ 38
2·8독립선언 준비자금을 조달하고 참여하다 _ 47
조선여자유학생학흥회를 이끌다 _ 54
고학생동우회 임원으로 순회연극단에 함께하다 _ 64

3장 이화학당 출신, 의사가 되다

의사가 되어 귀국하다 _ 68

동대문부인병원의 부름을 받다 _ 78

경성여자기독교청년회 회장이 되다 _ 82

여성 전문 병원 설립을 주장하다 _ 94

로제타 홀의 총애를 받다 _ 102

환자를 구하는 단발을 하다 _ 107

성교육의 필요성을 주장하다 _ 111

여성독립운동단체 근우회를 창립 발기하다 _ 115

4장 광주의 여성과 어린이를 보듬다

광주 최초의 여의사가 되다 _ 126

남편 최원순과 쓸쓸히 이별하다 _ 131

진주를 입양하다 _ 139

신생유치원과 신생보육학교를 설립하다 _ 143

윤슬처럼 빛났던 삶을 마치다 _ 146

부록

현덕신의 글 _ 152

현덕신 연보 _ 215

참고문헌 _ 221

1장

이화학당에 입학하다

이화학당의 학생이 되다

현덕신은 1911년 이화학당에 입학했다. 평안남도 용강에서 태어난 현덕신이 근대 조선 최초의 여학교인 이화학당에 입학한 것이다. 이화학당에 입학할 때만 하더라도 그가 조선 여성을 위한 위대한 여정에 오르리라고는 아무도 상상하지 않았다. 현덕신 본인도 마찬가지였다. 그는 아주 평범한 여학생으로 이화학당에서 가르치는 대로 배우고 익혔을 뿐 큰 꿈을 꾸면서 학교에 다닌 것은 아니었다. 다만 배움에 대한 소박한 꿈을 가지고 여학생을 가르치는 교사가 되어볼 요량이었다. 거기에 하나 더 한다면 예수를 믿는 사람으로서 선교사 로제타 홀을 닮고자 했다.

현덕신이 평안남도에서 태어나 자라다가 서울로 이사를 하고 이화학당을 다닌 것은 그만한 내력이 있었다. 그는 1896년 1월 12일 평안남도 용강에서 연주(延州) 현씨 현종국(玄宗國)과 김유순(金柔順)의 1남 2녀 중 막내로 태어났다. 아버지 현종국이 일찍 세상을 떠나는 바람에 어머니 김유순과 오빠 현석칠의 보호 아래 성장했다. 오빠 현석칠(玄錫七, 1880. 1. 23.~1943. 9. 23.)이 "6세부터 18세까지 한학을 숭상"했는데 "천재가 명민하여 사서삼경에 능통하였고 유교의 고금과 흥폐를 탐구"했다. "하루는 어떤 사람이 이상한 책을 주어 삼가 받아보니 이는 바로 기독교 성서"였다. "열독하여 마침내 현묘한 성리와 대도를 깨닫고 정신을 차려 떨치고 일어나 기독교회에 투신"[1]함에 따라 현덕신도 교회에 나가기 시작했다.

집안의 내력대로 한학을 공부하던 오빠 현석칠은 포교 활동을 하던 미국 남감리교회 선교사가 나눠준 성서를 읽고 감화를 받아 기독교에 깊이 심취했다. 그리고 1909년에는 전도사가 되어 평안남도 해주읍교회로 발령을 받았다. 전도사로서 역량이 뛰어났던 그를 교단에서는 1911년 서울 동대문교회 전도사로 발령을 냈다. 서울 동대문교회 전도사로 부임한 오빠 현석칠과 함께 온 가족이 서울로 이사를 했다. 현덕신은 해주에서 소학교를 졸업하고 미국 남감리교단에서 세운 최초의 근대 여성교육기관 이화학당에 입학하여 신학문을 배웠다.

오빠 현석칠은 서울동대문교회에서 전도사로서 역할도 충실했지만 교인들의 신앙심을 강화하기 위하여 '사경회'를 열고 전도집회를 열어 풍속 개량과 교육, 혼례 등 사회적인 문제로 활동 반경을 넓혔다. 그런 가운데 협성신학교에 입학하여 신학 공부에 충실하여 1911년 12월 20일 감리교 협성신학교를 1회로 졸업했

1 「故 牧師 玄石七之墓」. 이덕주, 「현석칠 목사의 목회와 민족운동」, 『신학과 세계』 73, 2012. 3, 113~114쪽 재인용. 이하 현석칠에 대한 내용은 이 논문을 참조했다.

• **이화학당 졸업사진으로 추정되는 사진** 서 있는 앞줄의 가운데가 현덕신이다

다. 그리고 1912년 3월 10일 미감리회 조선연회에서 해리스(M. C. Harris) 감독에게 집사 · 목사 안수를 받고 목사가 되었다. 1893년 평양에 처음 세워진 평양 남산현교회 목사로 파견되어 1912년부터 1917년 6월까지 5년 동안 평양에서 시무했다. 그의 가족들도 평양에서 함께 생활했다.

현덕신이 입학한 이화학당은 미국 감리교 선교사 메리 스크랜튼(Mary Fletcher Scranton)이 한국에 도착한 지 얼마 지나지 않아 여선교부 용지로 선교부(남자)가 소유하고 있는 언덕 위의 초가집 열아홉 채와 그 옆에 있는 빈터를 구입하여 한 명의 여학생을 가르치면서 시작한 학교였다. 고종 황제가 1887년에 '이화학당(梨花

學堂)'이라는 이름을 하사해 한국 여성 교육의 효시가 되었다. 선교사 스크랜튼은 "한국인을 보다 나은 한국 사람이 되게 하는" 것, "한국인이 한국적인 것에 대하여 긍지를 가지게 되는" 것, 그리고 그리스도의 가르침을 믿고 따름으로써 "흠과 티가 없는 완전한 한국을 만드는" 것을 목표로 했다. 그래서 선교도 선교지만 조선 사회와 조선 여성을 위하여 이 학교를 세웠다.

현덕신이 이화학당에 입학한 것은 자연스러운 것이었다. 미국 감리교단의 목사였던 오빠 현석칠과 어머니 김유순의 열성적인 신앙생활은 현덕신이 자연스럽게 이화학당에 입학하도록 이끌었다. 1911년 이화학당에 입학한 현덕신은 낯설지만 새로운 도시 서울에서 신앙을 깊게 하고 배움을 넓게 하는 교육을 받으며 '흠과 티가 없는' 여성으로 성장해갔다. 기독교 진리 속에서 모든 인간이 평등하다는 인간의 존엄성을, 당당하게 앞으로 나아갈 수 있다는 믿음을 갖게 되었다. 뿐만 아니라 여성도 주체적으로 살 수 있다는 자신감을 키우며 조선의 여성으로서 새로운 미래를 설계해나갔다.

현덕신은 오빠 현석칠 목사 가족이 평양으로 떠난 뒤 홀로 남아서 이화학당을 다녔다. 그때부터 오빠 현석칠과는 따로 살게 되면서 현덕신은 스스로 결단할 수 있는 강단 있고 주체적인 여성으로 성장했다. 그는 김매영, 김심억, 김원주, 박승일, 박승호, 박순애, 서거라, 신입아, 이인애, 장선호, 임배세와 함께 즐거운 학교생활을 했다.[2] 이들은 자아를 발견하고 이웃을 사랑하며 나라와 민족을 위해 어떻게 살 것인가를 고민하는 가운데 정신적으로 학문적으로 성장에 성장을 거듭했다. 그리고 1915년에 이화학당 중등과 8회 졸업생이 되었다.

이화학당 졸업생 12명 중 김원주는 평안북도 용강 출신으로 현덕신과는 어린 시절부터 친하게 지냈던 동무였다. 김원주의 아버지 김용겸이 목사였고 현덕신의 오빠 현석칠도 용강에서 기독교에 입회했기 때문에 종교적으로도 가까웠다. 김원주와 이화학당을 함께 다니게 되었으니 동문수학하는 사이에 더욱 친밀한 관계를 유지했다.

현덕신은 김원주와 일본으로 유학을 가서도 함께 활동했으나 김원주는 불교로 개종하고 출가하여 일엽스님이 되었다. 임배세는 음악을 사랑하는 학우로 졸업을 한 후에 성악가가 되어 미국 하와이에서 독립운동을 했다. 박승호도 일본으로 유학을 가서 함께 활동했다. 김매영은 평양 정의여학교에서 학생을 가르쳤다. 졸업한 학생들은 신여성으로서 사회적인 역할을 하기 위해 애썼다.

---

2 이화여고, 「이화여고 동문록」(이화여고 행정실 제공).

평양 진명여학교 교사가 되다

현덕신은 이화학당을 졸업하고 평양에 있는 사립 진명여학교 교사가 되어 잠시 어린 시절을 보냈던 평양으로 갔다.[3] 평양 진명여학교는 도산 안창호 선생이 주도하여 설립한 학교였기 때문에 그 학교에서 학생을 가르친다는 자부심를 가지고 갔다. 한때 학교가 경제적인 어려움에 처했을 때 이화학당의 선배인 조신성이 일본 유학을 중단하고 귀국하여 폐교 위기에 처한 학교를 살렸기 때문에 진명여학교의 교사가 된다는 것은 더 의미가 있었다.

이화학당의 초대 총교사를 지낸 진명여학교 교장 조신성은 독립사상 고취, 군자금 모집, 친일파 응징, 관공서 파괴 등 평안도 일대에서 독립운동에 맹활약한 '맹산의 호랑이'라는 별명을 갖고 있을 만큼 민족정신이 투철한 선배였다. 1911년 4월부터 선생이 학생 모집에 주야로 힘쓴 결과 진명여학교 설립 6년 만에 학생이 100여 명에 달한다[4]고 신문에서 보도할 만큼 여성 교육과 민족 교육의 선구자였다.

현덕신이 진명여학교의 교사가 되기로 한 것도 이런 분위기 때문이었다. 조신성은 비밀리에 독립운동을 전개하다가 비밀사령을 받고 북경으로 떠났고, 1927년 사회주의 여성운동 세력과 민족주

---

3 『매일신보』, 1915. 6. 2.

4 『매일신보』, 1912. 3. 19.

의운동 세력이 합작하여 결성한 근우회에서 여성운동을 했다. 근우회 평양지회에서 활동하면서 근우회 회관 설립과 여성들의 경제적 자립을 위한 속옷 공장 설립을 기획하기도 했다.[5]

현덕신은 그런 조신성과 함께 학생들을 가르치는 것을 뿌듯해했고 민족정신으로 무장한 여성, 주체적으로 미래를 설계해나갈 여성을 길러낸다는 자부심도 컸다. 그의 가르침에 날마다 변화 발전해가는 학생들을 바라보면서 현덕신은 더 철저한 민족의식으로 무장하게 되었다. 그리고 민족의 앞날을 열어갈 여성들을 위하여 헌신적으로 교육에 힘썼다. 여성 교육은 그 자체로 조선 독립을 고취하는 민족운동이고 여성들이 주체성을 확립하도록 하는 여성해방운동이나 마찬가지였다.

이화학당에서 배웠던 교육과 정신은 평양의 진명여학교 교사로 학생들을 가르치는 나침반이 되었음은 물론이다. 그래서 조선의 여학생들이 어떻게 하면 가부장제의 굴레와 속박에서 벗어나 주체적으로 설 수 있게 가르칠 것인가, 두려움 없이 앞으로 나아가게 할 수 있을 것인가에 몰두했다. 남성의 집안에 예속된 여성, 남편에게 종속된 여성이 아니라 여성이 그 자체로 존중받으며 제 목소리를 내는 존재로 성장시킬 수 있을 것인가는 현덕신이 고민하고 풀어야 할 숙제 중의 하나였다. 나아가 남존여비의 풍속으로부터

5 국가보훈처 공훈전자사료관 독립유공자 공적조서 참조. 조신성은 독립운동의 공로를 인정받아 1991년 독립유공 애족장을 서훈받았다.

사쳔읍교회쥬일

慶北西北地方夏期學校講習

• 오빠 현석칠의 가족사진[6]

자유로운 남녀가 평등한 지위를 누릴 수 있는 여성 교육을 목표로 삼았다. 그는 이화학당에서 배운 학문을 가르치는 것이 적성에도 맞았고 보람도 있었다.

날마다 자라나는 여학생들의 모습에 감동을 받으면서 더욱 잘 가르치리라는 사명감으로 하루하루를 채워나갔다. 근대 교육을 먼저 받은 선배로서 여학생들을 가르치는 일은 시대적인 소명과 함께 여성의 직업으로도 의미 있는 일이었다.

현덕신이 진명여학교 교사로 심혈을 기울이고 있었을 때 평양

---

6 『기독신보』, 1916. 7. 28.

남산현교회에서는 오빠 현석칠이 목회를 하고 있었다. 그렇기 때문에 편안한 환경 속에서 여학생들을 가르치는 것이 더할 나위 없이 즐겁고 기뻤다. 그러던 차에 그에게 의료 선교사인 로제타 홀이 의학 공부를 권하기 시작했다.

그즈음의 로제타 홀은 "많은 젊은 조선 여성들이 의학을 공부할 수 있도록 격려하라. 여성이 의사가 된다는 것은 어머니가 되는 것처럼 자연스러운 일이다."라고 강조하면서 조선 여성들에게 의사가 될 것을 독려했다. 미국의 후원자들에게는 조선 여의사 양성의 필요성을 강조하면서 후원을 요청했다.

한편으로 조선 현실에서 필요한 것이 조선 여성을 위한 의학 공부라는 것을 강조하고 조선에서 의사는 여성이 할 일이 아니라는 인식과 여성에게 어울리는 일이 아니라는 분위기를 어떻게든 반전시키기 위해 노력했다. 로제타 홀은 교육을 받은 여성들에게 시대정신을 요구했다.

• 로제타 홀과 아들 셔우드 홀

일본 유학을 결심하다

로제타 홀은 남편이 병사한 후 미국으로 돌아갔다가 다시 조선으로 돌아왔다. 그리고 조선의 산모들이 출산하는 과정에서 목숨을 잃지 않도록 하는 방안을 모색했다. 그만큼 조선 여성들을 위해 서양 의술이 절대적으로 필요하다고 생각했다. 남편의 사망으로 인한 절망과 고통을 이겨내고 의료 선교사의 사명을 완수하겠다는 일념으로 조선으로 돌아온 그는 가난하고 설움 많은 여성을 위하여 더 치열하게 헌신하고 봉사했다.

여성을 위해 여러 어려움을 무릅쓰고 나서기는 했지만 병원을 세우고 점자를 가르치고 교육을 한다는 것은 여전히 어려운 문제였다. 특히 조선은 남녀의 역할과 활동의 영역이 명확하게 구분되어 있어 문화적인 전통과 풍습을 무시할 수 없었기 때문에 인정하고 받아들이면서도 새로운 것을 가르쳐야 했다. 그럴수록 로제타 홀은 기독교 신앙에 대한 절대적인 믿음에 의지해 문제들을 해결해나갔다.

로제타 홀이 아쉬울 것 없었던 개인의 삶을 뒤로하고 조선의 여성들을 위해서 다시 조선으로 온 것은 그만한 이유가 있었다. 열악한 의료 환경에 처한 여성을 위해서, 그리고 그런 여성을 치료할 여성 의료인 양성을 위해서였다.

그래서 로제타 홀은 의료 선교의 어려움 속에서도 이를 극복하기 위하여 조선 여의사 양성을 위하여 적극적으로 대처 방안을 찾았다. 그의 의지와 노력으로 마침내 보구녀관과 릴리안 해리스 기념병원을 통합했고 1913년에는 여의사 양성을 위하여 평양 광혜여원에 여성의학반을 개설했다. 그러나 의학을 가르칠 의사가 부족했다. 뿐만 아니라 자금난까지 겹쳤다. 미국 감리교단에 더 많은 의사를 파견해달라고 요청했지만 매번 거절을 당했다. 고민 끝에 로제타 홀은 조선총독부의원의 후지다(藤田)에게 협조를 요청하는 등 여러 방면으로 여의사를 양성하기 위한 방안을 강구해나갔다.

로제타 홀은 의학을 전공하여 의사가 되고자 하는 여학생들을 위해 기도하며 물심양면으로 후원을 아끼지 않았다. 특히 유망한 학생들에게 미국의 후원자들이 보내주는 장학금을 지원하면서 조선의 여의사를 양성하기 위하여 힘들고 어려운 일을 자처했다. 여학생들에게 주는 장학금은 로제타 홀의 친구들과 뉴욕의 여의사들로부터 오는 자금이었다.

로제타 홀은 조선 여의사 양성을 위한 장학금으로 매년 150달러씩 5년 동안 빌릴 계획을 세우고 요청했다. 이미 미국 북감리교 여성해외선교회에서는 동경여자의학전문학교 신입생에게 재정적 지원을 하고 있었다.

그래서 로제타 홀은 먼저 조선의 문화를 이해하고 부모와 학생들을 설득하는 방법으로 문제를 하나하나 해결했다. 그렇게 해서 평양의 전도부인 김세지의 딸 윤심덕과 역시 평양의 전도부인 홍

유례의 딸 황에스더, 평안도의 전도부인 전삼덕의 손녀 김폴린, 김창식 목사의 딸 김로다 등을 설득하여 유학의 길로 안내했다.

윤심덕과 황에스더는 로제타 홀의 뜻을 받아들여 일본 유학길에 올랐으나 적성에 맞지 않았다. 이후 윤심덕은 성악가가 되었고 황에스더는 의사 되기를 포기하고 미국의 콜롬비아대학교에서 교육학을 공부하여 교육자가 되었다.[7] 김로다는 이화여전 문과 출신 의사 1호로 중국의 상해에서 의학을 공부한 뒤 의사가 되어 동대문부인병원에서 조선 여성 치료에 나섰다.[8]

로제타 홀은 현덕신에게도 기회가 있을 때마다 의사가 되기를 권했다. 신이 인간에게 부여한 어머니 같은 존재가 의사라는 것을 조선 최초로 서양 의학을 공부한 김점동(박에스더)의 예를 들어가면서 현덕신에게도 여성 의료인의 길을 걷도록 권유했다. 그리고 의사가 되면 조선의 여성을 질병으로부터 구할 수 있다고 설득했다.

현덕신은 교사가 학문을 바탕으로 어린이와 여학생들을 가르치는 일이고 사회적으로 존경받는 직업이었기 때문에 근대식 교육을 받은 여성들이 사회 공헌 활동을 하기에 적합하다고 생각하던 터였다. 보람된 직업으로 여성 교육에 힘쓴다는 사명감 또한 깊었

7 김성은, 「로제타 홀의 조선여의사 양성」, 『한국 기독교와 역사』 27, 2007, 28~29쪽.

8 『부인신문』, 1948. 8. 22. 김로다는 의사가 된 뒤에 동대문부인병원에서 근무했고, 하와이로 이주했다. 그는 하와이 한인대표사절이 되어 1948년 8월 22일 외무원 주최의 환영회에서 참석했다.

• 이화학당 재학 중의 현덕신 (오른쪽)

기에 쉽게 그만둘 수는 없다고 생각했다. 밤새 뒤척이며 전전긍긍하기를 몇 날이었던가, 현덕신은 일대 결단을 내렸다. 로제타 홀의 거듭되는 권유와 설득을 깊이 생각하고 생각하다가 여성 교육자로서 보람을 뒤로하고 중대한 결심을 했다. 이화학당에 다닐 때도 새로움에 대한, 공부에 대한 열망이 차올랐던 것처럼 그런 열망이 마음 깊은 곳에서 올라오고 있었다.

일본 유학을 결심하자 기대와 설렘보다는 조선 여성을 위해 의사가 되어야 한다는 의무감과 책임감이 어깨를 짓눌렀다. 그때의 심경과 중대한 결심의 뜻은 다음에 잘 나타나 있다.

> 이화학당을 졸업하고 나는 두루두루 생각다가 성격에 맞지 아니하는 길을 택했다. 지금 생각하면 내가 어째서 여의사 되기를 결정하였던고 생각할수록 이상한 생각이 난다. 그러나 내가 의사가 되려는 동기만은 퍽으나 순결하였었으니 어떻게 하면 조선여자들을 위하야 도움이 될까 조선 사회에 유익한 인물이 될까하고 생각하다가 교육계로 가는 것보다도 병이 들어서 죽을지언정 남자에게 뵈이지 아니하려고 하는 조선여자들을 위하야 봉사적 생활을 하는 것이 거룩한 사업이라고 생각하고 나의 성격에 맞는 방면이 있음에도 불구하고 여의사가 되기로 결정하였든 것인데 의사가 되고 보니 오늘에 이르러서는 모든 일이 이상에서 어그러져 처음 뜻과는 상거가 천리나 만리나 밖에 간 것 같다.[9]

그가 두루두루 생각한 끝에 내린 그 순결한 결단은 '어떻게 하면 조선여성을 위하야 도움이 될까, 조선 사회에 유익한 인물이 될까'하는 삶의 가치와 그 방향성에 있었다. 평양 진명여학교 교사가 성격에도 잘 맞았을 뿐만 아니라 가르치는 일이 보람 있고 참된 일이었다. 하지만 '병이 들어서 죽을지언정 남자에게 뵈이지' 않으려 하는 여성들을 치료하는 의사가 되는 것이 '조선여자들을 위하야 봉사적 생활'을 하는 '거룩한 사업'이라고 결단을 내린 터였다.

그녀는 자신이 진심으로 믿고 기대고 있는 존재였던 예수, 가난한 이들을 위하여, 땅의 평화를 위하여 모든 것을 버렸던 예수의 삶, 그의 길을 따라가기로 한 것이다. 그런 삶을 앞서서 실천하고 있는 로제타 홀을 본받고자 그의 권유를 기꺼이 받아들였다. 현덕신이 이 땅에서 받아든 사명은 의사가 되는 것이었다. 그렇기에 현덕신은 로제타 홀을 평생 잊을 수 없었다.

> 나의 오늘을 생각할 때 이치치 아니하는 분은 허을의사(海州療養院長 헐의사의 母親)이다. 그는 남자의학교를 세운 세부란쓰병원 어비슨박사와 가치 조선여자들이 의학을 배워가지고 그들로 하여금 병원을 세우는 동시에 여자의학교를 세우려고 하는 것이 이상이었었다. 그러므로 나와 같은 사람도 그가 택한 사람 중에

9 현덕신, 「女醫師가 되기까지의 苦心記」, 『신가정』 3권 11호, 1935. 11. 1.

하나이었었으니 나로 하여곰 의학을 하도록 모든 편리를 보아 주었다. 생각할사록 홀선생은 나의 은인이다.[10]

현덕신이 로제타 홀을 '나의 은인'으로 존경할 수밖에 없었던 것은 남편과 딸을 잃은 나라 조선에서 조선 여성을 위한 삶을 멈추거나 포기하지 않는 희생과 헌신 때문이었고, 힘들 때마다 다시 힘을 내게 하는 존재였기 때문이었다. 조선의 여자들이 '의학'을 배워서 '병원'을 세우고 '여자의학교'를 세워서 조선 여자들이 제때 치료를 받도록 하는 것이 목표였던 로제타 홀, 그의 뜻을 너무도 잘 알고 있었던 현덕신이었기에 그의 선택과 뜻을 기꺼이 받아들였다.

10 현덕신, 「女醫師가 되기까지의 苦心記」, 『신가정』 3권 11호, 1935. 11. 1.

2장

일본 유학:
의사의 길, 독립운동의 길

일본 유학길에 오르다

현덕신은 로제타 홀의 끈질긴 권유와 설득, 그리고 조선 사회를 위한 헌신에 감동을 받고 동경 유학길에 오르기로 마음을 먹었다. 유학을 가기로 결정은 했지만 교사로서 여학생들을 가르치는 것이 적성에 딱 맞았고 의학을 공부한다는 것은 생각해본 일이 없었기 때문에 멀고 먼 바다를 건너 낯선 땅에서 홀홀단신 공부를 한다는 상상만으로 두려웠다. 할 수 있다고 아무리 강하게 마음먹어도 밀물처럼 밀고 들어오는 두려움은 어쩔 수 없었다. 그러다가도 의사가 되어 여성들을 치료하는 상상을 하면 가슴이 두근거리는 것도 사실이었다. 두려움과 두근거림의 나날 속에 시간은 자꾸 흘러 일본으로 대장정을 떠나야 하는 날이 오고야 말았다.

일본으로 떠나는 날, 로제타 홀의 따뜻한 정성을 마음에 안고 어머니와 오빠 현석칠과 조카들의 눈물겨운 배웅 속에 서울역을 출발하여 부산으로 가는 기차에 올랐다. 기차는 서서히 움직이기 시작하더니 이내 부산을 향해 내달리기 시작했다. 서울에서 멀어지면 멀어질수록 가슴은 쿵쾅거리기 시작했다. 새로운 학문을 배우게 될 것이라는 막연한 기대와 설렘도 가슴의 심장박동에 힘을 실었다. 그는 평양에서 서울로 서울에서 다시 평양으로 그리고 일본으로 향하는 부산행 기차에서 자연스럽게 조선의 처지를 생각했다. 조선 산하의 가난한 사람들과 여성들과 병들고 아픈 어린이들이 선명하게 떠올랐다. '그래, 가야지. 가서 뼈를 깎는 절박함으로 공부해야지. 공부를 마치고 돌아와 여성들과 어린이들을 위해서 살아야지' 다짐에 다짐을 거듭하면서 두려움을 버리는 주문을 걸었다.

종일 달리다시피 한 기차가 부산역에 다다르자 짐을 챙겨 부산항으로 향했다. 부산항에는 이미 일본 시모노세키항으로 갈 배가 기다리고 있었다. 유학을 가는 학생들과 일하러 가는 사람들로 만원이었다. 그 틈에 끼어서 일경이 눈을 부릅뜨고 오르는 사람들을 매섭게 노려보고 있었다. 주인 행세를 하는 꼬락서니에 기분이 좋지 않았다.

배에 오르자마자 낯선 이역의 땅에서 잘 이겨낼 수 있을까 하는 두려움이 엄습했다. 그러나 현덕신은 반드시 이겨내야 한다고, 조선인으로 당당하게 나아갈 수 있게 해달라고 기도했다. 기도 가운데 비록 우리나라 조선을 빼앗겼을지라도 공부만큼을 일본 학생들과 겨뤄서 절대 지지 않겠다는 오기 같은 것이 발끝에서부터 머리끝까지 밀려오는 것을 느꼈다. 이내 출발 시간이 되자 배는 닻을 올리고 고동 소리를 내뿜으며 일본을 향해 서서히 나아갔다.

'그래. 가자. 가서 당당하게 겨루자. 그리고 부딪히자. 두려워하고 서성이면 내가 떠나온 길이, 내가 세운 뜻이 물거품이 되고 말 것이다. 나는 조선 여성을 위해, 조선 사회를 위해 나섰다. 가열차게 온몸이 부서지더라도 쉼 없이 나아가자. 가고 또 가자. 두려움 떨치고 가자' 다짐에 다짐을 거듭하다 뜬눈으로 날을 샜다. 배는 어느새 대한해협을 건너 시모노세키항에 도착해서 닻을 내렸다.

현덕신도 조심스럽게 배에서 내렸다. 그의 눈에 들어온 낯선 풍경과 마주하니 바람도 다르고 냄새도 달랐다. 무엇보다도 말이 달라서 걸음걸이도 덜컥거렸다. 속으로는 괜찮다고 다독거려보았지만 긴장이 몰려와 머리카락까지 쭈뼛거렸다. 정신을 똑바로 차리면 된다고 수없이 되뇌어보고, 숨도 크게 쉬면서 유학에 오른 큰 뜻을 생각했다. 서툰 솜씨로 말을 붙여 동경으로 가는 기차 편에 맞춰 기차에 올랐다. '이 기차를 타고 가면 내가 공부할 도시 동경에 무사히 도착할 수 있을까? 동경역에 도착하면 다음엔 또 어떻게 한단 말인가?' 생각에 생각이 꼬리를 물었다. 한숨도 자지 못했지만 아무리 잠을 청해도 계속 잠은 오지 않았다. 다만 유학길에 오른 딸을 걱정 어린 눈빛으로 쳐다보던 어머니의 눈물 머금은 얼굴과 오빠 현석칠의 부드럽지만 힘 있는 격려의 말들이 신경을 타고 두려움을 누그러뜨려주었다.

> 그의 주선으로 입학허가를 받어가지고 동경을 향하여 떠났으

• 일본 유학 시절 학우들과 함께

나 동경가더래도 아는 사람은 어릴 때 한번 맞난 이선순양 뿐이었다. 하관에 나려서 그 동무에게 전보를 쳐야할 터인데 모든 것이 나는 처음인고로 도를 아지 못했다. 지금 생각하면 꽤 웃음거리가 될 만하지만은 이러한 말 한마듸를 물을 만콤 언어에 능치 못하였음으로 쥐꼬리만한 영어라도 이런 때 써먹을 수밖에 없었다. 팔뚝에 안내자라고 써붙인 사람을 영어로 불러가지고 동경에 전보를 하랴면? 하고 물었드니 친절히 그가 전보를 처주었다. 동경역에서 나려서 그 동무의 안내대로 숙소에 가서 당장에 조선옷을 가러입고 목욕을 가게 되었는데 모도가 처음이요 마음에 안 마질 뿐 아니라 어떻게 되는 셈을 아지 못하였다. 그저 절에 간 색씨모양으로 그 동무하라는 대로만 원숭이 노름을 하며 하로 이틀을 지나고 학교에 입학까지 하였으나 원체 어학이 부족하야 여간 골란을 받은 것이 아니다.[1]

낯선 이국의 땅, 우리 조선을 강제로 점령해버린 일본의 땅에 발을 딛었으니 그의 비감 어린 심정은 이루 말할 수 없었다. 그래도 큰 뜻을 품었으니 끝내 이기고 돌아가리라 마음을 먹었다. 떨리고 긴장되는 것은 어쩔 수 없었지만 어렸을 때의 동무인 이선순을 만난다는 것만으로 심리적으로 조금은 안정되었다. 그렇지만 초행

1 현덕신, 「女醫師가 되기까지의 苦心記」, 『신가정』 3권 11호, 1935. 11. 1.

길이었기에 전보를 치는 것에서부터 난관을 만났다. 특히 일본어를 구사하지 못했기 때문에 이화학당에서 배운 영어로 겨우 소통을 해서 동경에 전보를 칠 수 있었다. 시모노세키에서 동경까지는 1,000km나 되는 거리다. 피곤하고 지친 몸을 이끌고 동경역에서 내리자 이선순이 기다리고 있었다. 이선순의 숙소에 여장을 풀고 일본 옷을 조선 옷으로 갈아입었다. 다다미가 깔린 방이 낯설었지만 친구 이선순이 옆에 있다는 것만으로 낯섦에서 오는 긴장이 풀리고 기분도 조금 나아졌다.

현덕신은 일본 생활에 익숙하기까지 많은 시간이 걸릴 것 같다는 생각을 했다. 하지만 공부를 하기 위해서 멀리 조국을 떠나온 이상 남의 나라 일본의 수도인 동경에서 본격적인 공부를 시작하지 않을 수 없었다. 낮과 밤을 가리지 않고 집중적으로 공부를 했다. 그리고 조선을 강제 점령한 나라의 한복판에서 조선의 여성이 조선의 여성을 위하여 일제에 보라는 듯이 당당하게 동경여자의학전문학교에 입학했다. 현덕신의 새로운 도전과 역사는 그렇게 시작되었다.

동경여자의학전문학교에 입학하다

의사가 되기 위한 큰 결심으로 조선을 떠나온 현덕신은 일본에 서야말로 조선이 처한 상황을 냉정한 눈으로 바라볼 수 있게 되었다. 악랄한 일제의 총칼에서 벗어나는 길, 독립을 향한 열정이 서서히 불씨를 당기기 시작했다.

현덕신이 일본에 유학을 갔을 때는 조선인유학생학우회가 재일본 조선인 유학생의 친목단체로 발족하여 점차 민족운동단체로 발전하면서 유학생들의 구심점 역할을 하고 있었다. 그리고 1914년 4월 2일 창간했던 기관지 『학지광』을 발행하고 있었다. 조선인유학생학우회는 표면적으로는 친목 도모를 목적으로 내세웠지만 정기 총회, 임시 총회, 웅변 대회, 졸업생 축하회, 학생 환영회, 운동회 등을 개최하여 항일의식과 민족의식을 고취하고 있었다. 남녀 유학생을 망라한 단체였지만 사실상 남학생 중심으로 운영되었다.

그래서 여자 유학생들은 1915년 4월 김필례, 김정화, 나혜석 등 10여 명이 발기하여 재일본동경여자유학생친목회를 결성했다. 동경여자유학생친목회는 표면적으로는 여자 유학생들 간의 친목을 도모하면서 스웨덴의 여성해방론자 엘렌 케이(Ellen Key)와 같은 이상적인 여성의 삶을 개척하는 것이 목적이었다. 회장이었던 김필례가 정신여학교 교사로 임명되어 귀국하자 처음으로 회원 전원이 참석한 가운데 1917년 10월 17일 동경여자유학생친목회 임시

• 동경여자의학전문학교의 한국 여성 유학생들

• **여자유학생친목회** 왼쪽부터 김마리아, 현덕신이 앉아 있다

총회를 열고 회장 김마리아, 총무 나혜석, 서기 정자영, 부서기 김충의, 회계 현덕신을 선출했다.

동경여자친목회 결성은 남자 유학생 중심의 단체가 아닌 여자 유학생 중심의 단체라는 점에서 조선 여성의 지위에 대한 구체적인 고민을 반영한 조직이었고 2·8독립선언에서도 역할을 할 수 있는 토대가 되었다. 그가 처음으로 행동으로 옮긴 것은 조선에서 유학을 온 여학생들의 모임인 동경여자유학생친목회에 가입한 것이다. 동경여자유학생친목회에는 김마리아, 황에스더, 나혜석, 윤심덕이 있었다. 현덕신은 황에스더와 김마리아, 나혜석과 친자매처럼 가까워졌고 일본 여자 유학생의 중심에서 여러 비밀결사에 함께하는 동지가 되었다. 동경여자유학생친목회를 중심으로 여자 유학생들은 단합하고 결속했다.

동경여자유학생친목회는 1917년 12월 22일에 기관지 『여자계』를 창간하고 발행했다. 『여자계』 창간호는 등사판으로 발행되었는데 창간호의 편집 및 발행인은 임시 총회에서 선임되었던 김덕성이었다. 『여자계』의 편집부장에는 김덕성, 편집부원에는 허영숙, 황에스더, 나혜석이 선출되었고 전영택과 이광수를 고문으로 추대했다. 『여자계』 2호부터는 정식으로 허가를 받고 출판했는데 발행 비용은 회원들의 기부금과 국내에서 받은 기부금으로 충당했다. 『여자계』 2호 표지에는 다음과 같은 선언이 실렸다.

우리들은 갓 깨운 병아리요
빽빽 울고 돌아만 다닙니다
벌써 알을 어떻게 낫습니까

급하다고 재촉하지 맙시오
나으려고 헛수고도 맙시다
어미품에 자라나 큰 뒤에야

현덕신은 1918년 9월에 발행된 『여자계』 3호에 「졸업생 제형에게 드리는 말씀」으로 선배들에게 기대와 당부의 말을 했다.

山川草木(산천초목)이 다 잠이 들어 天地(천지)가 寂然(적연)한대 旅窓(여창)에 외로히 안저 冊床(책상)을 依支(의지)하고 이 책 져 적에 손을 대여 닑기도 하고 읍기도 하다가, 져는 문득 幻想(환상)의 나래를 타고 져 멀니 遙遙汒汒(요요망망)흔 庶賤(서천) 아래, 思慕(사모)하고 情(정)답고 그리운 妙(묘)한 江山(강산) 니르럿습니다. 이 째에 全身(전신)에 소름을 돗치난거슨 그들의 불샹흔 모양이오, 머리를 지근지근 씨르는 거슨 半島(반도) 靑年(청년)의 압길이오 情神(정신)이 아득흔 거슨 우리가 將次(장차) 엇지할가 함이외다.[2]

2 현덕신, 「졸업생 제형에게 드리는 말씀」, 『여자계』 3호, 1918. 9.

당시 세계 정세는 급변하고 있었고 일본의 조선에 대한 강압 통치는 갈수록 심해지는 상황에서 일본에서 공부를 한다는 것이 편하지 않았다. 책상에 의지하고 앉아서 책을 소리를 내서 읽어보기도 하지만 요요망망한 서천 아래 사모하고 정답고 그리운 강산, 조선을 떠올려보니 불쌍하기만 했다. 그래서 머리가 아팠고 반도청년의 앞길이 아득하기만 해서 '우리가 장차 엇지할가' 고민하지 않을 수 없었다. 우리나라 조선을 생각하면 막막하고 암암하기가 그지없어서, 조선의 앞날을 생각하면 할수록 흐르는 눈물을 주체할 수 없었다. 그러던 차에 때마침 어려운 유학길에서 무사히 학업을 마치고 귀국하는 선배들에게서 한 줄기 희망을 본 것이다.

> 여러분의 졸업이야말노 우리 半島(반도)에 有史(유사) 以來(이래)로 初有(초유)흔 貴(귀)흔 事實(사실)이오며 캄캄하든 우리 女子界(여자계)의 번썩하는 귀한 光明(광명)이외다. 여러분이 나가셔셔 不完全(불완전)한 社會(사회)를 完全(완전)하게 하시고 幼稚(유치)한 思想(사상)을 啓發(계발)도 하셔야 되겟습니다. 여러분이, 무슨 良策(양책)을 쓰시든지 그들노 하야곰 그 자리에서 써나서 前進(전진)케도 하시고 무슨 良藥(양약)을 쓰시든지 깁히 병든 그들을 蘇生(소생)케 하실 中樞(중추)의 인물이오, 救主(구주)가 되셔야하겟습니다. 싸라서 크게 活動(활동)하시지 아느면 안 되겟습니다.

• **여자유학생친목회원들** 뒷줄 오른쪽이 현덕신, 바로 옆이 김마리아, 오른쪽에서 네 번째가 황애시덕(에스더), 1918년 사진으로 추정된다

일본까지 유학을 와서 학업을 마치고 고국으로 돌아가는 선배들의 귀국은 '우리 반도에 유사 이래로 초유의 일이자 귀한 사실'인 만큼 '불완전한 사회를 완전하게 하시고 유치한 사상을 계발'하는 존재가 되어야 할 것이다. 그리고 '무슨 양약을 쓰시든지 깁히 병든 그들을 소생케 하실 중추의 인물이오, 구주'가 되어서 캄캄한 조선의 여성들을 이끌어주기를 간절하게 바라는 마음을 실었다.

일제가 강점하고 있는 암흑천지에서 "참혹한 압박과 곤궁으로, 갈 길을 못가리고 할바를 모르고 방황하는 우리 형제들의게 선명한 아참해갓치 발근 빗츨 빗치시고 다정한 안위자, 든든한 보호자"가 되어주기를 요청하고 그것이 "맛당이 할 의무요, 하지 아느면 아니될 책임이"[3]라고 주장했다.

현덕신은 '「나」라는 거슨 니져버리서야 합니다. 「나」보다 몬져 「뎌들」을 생각하시고 「나」보다 더욱 「뎌들」을 위하'여 분투해야 한다는 것으로 시대정신을 강조했다. 그 이유를 이렇게 덧붙이고 있다.

> 형님들! 일본의 維新時代(유신시대)의 일을 아시지오. 靑年男女(청년남녀)들이 얼마나 自己(자기) 不母(부모)를 버리고 몸을 밧쳐 일하고 犧牲的(희생적) 情神(정신)으로 限死(한사)코 奮鬪(분투)한 거슬 생각하십시오. 어느 나라고 어느 民族(민족)이고 이것이 업시는 中興(중흥)과 創建(창건)이 되여슬 理(리)가 업습니다. 세상 일은 하나도 偶然(우연)한 거슨 업겟지오. 여러분이 한 손에 검을 들고 한 손에 기를 들고 나아갈 義氣(의기)가 이서야 할 거시외다. 나는 반다시 번젹번젹 보이는 검 -펄넉펄넉 보이는 기를 말함이 아니외다. 「마음의 검」 「마음의 기」를 가집시오.

현덕신은 졸업하는 선배들에게 일본의 청년들이 자기와 부모를 버리고 희생했듯이 민족 없이 우리가 살 수 없고 민족의 중흥

3 현덕신, 「졸업생 제형에게 드리는 말씀」, 『여자계』 3호, 1918. 9.

과 창건이 될 리가 없으니, 한 손에는 검을 들고 한 손에는 의로운 깃발을 들고 있어야 한다고, 마음에는 번쩍이는 칼을 지니고 그 칼을 벼리는 깃발로 선봉에 서서 '나'를 버리고 조선의 앞날을 위하여 전진해야 한다고, 조선의 운명이 우리가 살아갈 앞날이라고 재차 강조했다. 전력을 다하여 용기를 내서 굳은 의지를 조금도 꺾지 말라는 선동적인 발언도 서슴지 않았다. 죽음을 각오한 결사 항전을 당부하는 내용이지만 사실은 현덕신 자신을 향한 다짐이기도 했다. 그때 그는 결사 항전의 자세로 '마음의 검'과 '마음의 기'를 휘두르고 있었다. 그것을 구호에 담았다.

> 아 - 여러분은 우리 半島(반도) 女子界(여자계)의
>
> 模範的(모범적) 人格(인격)!
>
> 犧牲的(희생적) 恩人(은인)!
>
> 光明(광명)의 曉星(효성)!
>
> 奮鬪(분투)의 先鋒(선봉)!

이후에 동경여자유학생친목회는 1918년 12월 17일 『여자계』 유지 방안에 관한 특별 총회를 개최하고 잡지를 계속 발간하기로 결정했다. 창간호부터 3호를 발간하기까지 전영택과 이광수의 비용과 편집에서의 도움을 받았지만 이제 여자 유학생들은 학흥회의 설립과 『여자계』의 독립 경영을 통해 새 시대에 부응하기 위하여

『여자계』도 새해에 새로운 면목으로 새로운 운명의 새 기원을 세워야 한다고 생각했다.[4]

일본 여자 유학생들이 자신들의 의견을 집단적으로 드러낼 수 있는 공간을 확보하여 여성의 역할과 의의를 찾아 제시하고는 여자 유학생의 고민과 새로운 방안을 모색하는 『여자계』를 통해서 현덕신은 조선을 위하고 조선 여성을 위해 목소리를 내기 시작했다. 빛과 희망을 주는 분투의 선봉에서 현덕신은 여전사가 되어가고 있었다.

4 「여러분께」, 『여자계』 4호.

2·8독립선언 준비 자금을 조달하고 참여하다

1919년 1월 어느 날 밤이었다. 김안식은 늦게야 하숙에 돌아오니 웬 낯선 여성 하나가 단정히 앉아 기다리고 있었다.

"멀리서 뵌 적이 있습니다만 이렇게 가까이 뵙기는 처음입니다. 전 여자학원에 다니는 김마리아입니다."

여인은 이렇게 자기소개를 하고는 남성들이 조국 독립을 위해서 싸우는데 너무 태만했다고 사과하고

"몇 푼 안 됩니다만 비용에 보태어 써주셨으면 합니다."

하고 지전 뭉치를 내어 놓는 것이다. 40원이나 되는 큰 액수였다.

"오늘은 불가피한 사정이 있어서 못 왔습니다만 이 돈은 제가 모은 것이 아니라 여자의전에 다니는 현덕신이 단독으로 모은 돈입니다. 금명간 둘이서 또 와서 뵙겠습니다."

이무영, 「2.8전후」 부분[5]

이무영이 "역사적인 사실을 기록에 남겨두기 위해서" 쓴 소설은 2·8독립선언서가 발표되기까지 전 과정을 기록한 이무영의 소설 「2.8전후」의 한 장면이다. 동경여자학원에 다니던 김마리아가 조선

5 『자유문학』 3권 1호, 1958.

청년독립단을 찾아가서 비밀리에 40원을 전달하면서 동경여자의학전문학교에 다니는 현덕신이 모은 돈을 대신 전달하고 있다.

사실 현덕신은 5년간 유학 생활 중에 눈물겨운 일과 우스운 일이 한두 가지가 아니지만 제일 눈물겨웠던 것은 돈이 없어서 굶주리던 일이었다고 회상한 바 있다. 그렇게 굶주리면서도 모아서 마련한 거금을 자기 자신보다는 나라를 되찾는 것이 급선무라고 생각하고 2·8독립선언 준비 자금으로 보탰다. 현덕신은 인간의 가장 기본적인 욕구인 배고픔을 견디면서까지 거액을 모은 강한 정신력의 소유자였다.

드디어 거사일, 1919년 2월 8일. 그날은 아침부터 눈발이 날렸다. 오후 들어 폭설로 바뀌었다. 36년 만의 큰 눈이었다. 오전에 「독립선언서」를 신문사와 주요 인사들에게 발송했다. 조선인은 독립을 염원한다는 사실을 선언하고, 민족대회를 소집해 운명을 스스로 결정하겠다고 선언했다. 그리고 일본을 향해서 조선에도 민족자결주의를 적용하라고 요구했다. 받아들이지 않으면 '일본을 향해 영원한 피의 전쟁을 선포한다'고 했다.

오후 2시, 조선기독교청년회관에는 400여 명의 유학생이 모였다. 동경의 경시청에서는 정·사복 경찰을 배치하여 이미 출동해 있었다. 조선 유학생들이 겉으로는 회합을 한다고 내세운 자리였지만 결의를 다진 학생들은 긴장한 채 주먹을 꽉 쥐고 최후의 순간을 기다렸다. 유학생 학우회 대표 백관수가 무대에 오르자 장내는 터질 듯한 박수로 가득 찼다. 그가 비장한 음성으로 「독립선언서」를 낭독하자 일본 경찰은 깜짝 놀라 제지에 나섰다. 그러나 이미 비장한 환호성과 우렁찬 만세 소리, 선언서 낭독 소리가 뒤섞이면서 장내는 뜨거운 열기로 가득찼고 학생들은 의자와 책상을 던지며 항거했다. 아수라장이 된 상태에서도 유학생들은 조국의 운명을 생각하면서 통곡했다. 그 사이에 유학생 대표자들을 비롯하여 일본 경찰과 난투하던 수많은 학생들은 부상을 입은 채 눈 쌓인 길을 개와 돼지처럼 끌려갔다.

현덕신도 현장에서 김마리아, 황신덕 등과 함께 일경에 체포되어 끌려갔고 구금되었다. 그 이후로 현덕신에 대한 감시는 강화되었고, 수차례에 걸쳐 일본경시청 비밀문서의 감시 대상자 명단에 올랐다. 그는 그렇게 조선을 강제점령한 일본 땅에서 조선의 독립을 위해 불철주야 움직이는 전사가 되었다.

2·8독립선언이 있기까지 비밀리에 거사를 준비한 유학생들의 중심에 와세다대학교 학생 최원순도 있었다. "우리에게 절호의 기회가 왔는데 이때에 민족적 의사 표시가 없으면 미주에 파견되는 우리 대표의 제소는 일찍이 왜적의 통치를 받아보지 못한 불평파 해외망명객들의 잠꼬대로만 알 것이오, 국내의 이천만 우리 민족은 일본의 통치를 받으면서도 아무 불평도 없이 일본의 국민 노릇을 충실히 한다고 일본이 세계에 선전한 모략은 성공하고 말 것이오. 우리의 거족적인 일대 투쟁이 있어야 되며, 이 거족적 운동의

선봉으로 우리 유학생들이 나서야 하오."라고 주장했던 학생이 최원순이었다. 정광호와 김안식, 김현준과 학우회 대표였던 백관수를 찾아가 거사를 준비했고 그렇게 해서 조선청년독립단이 결성되었다. 2·8독립선언의 막전막후 책임자로 암약한 최원순은 1923년 6월 16일 현덕신의 남편이 되었다.

현덕신이 일본에서 2·8독립선언에 참여하여 구금되었다가 방면되는 등 일제를 향한 항일구국운동에 투신하고 있었던 때 오빠 현석칠도 구국운동에 동참하고 있었다. 오빠 현석칠은 평양 남산현교회에 부임한 뒤로 교회 부흥을 위해서 여러모로 애를 써서 교인들이 많아지기 시작했다. 로제타 홀의 선교 25주년 기념식도 현석칠이 목회하고 있던 평양 남산현교회에서 열렸다. 현석칠의 활발한 활동 덕분에 교세가 크게 확장되자 감리교단은 현석칠을 1917년 6월에 충남 공주읍교회로 발령을 냈다. 현석칠은 공주읍교회에 재직 중이던 3월 24일 영명학교 교사 김관회, 이규상, 현언동과 졸업생 김사현, 재학생 오익표, 안성호 등과 이화학당으로 편입하기 전 유관순이 다녔던 영명학교 사택에서 만세운동을 하기로 결의했다. 그 자리에는 공주 영명학교 학생이자 유관순의 오빠인 유우석도 학생 대표로 있었다. 3월 31일 오후에 영명학교 기숙사에서 독립선언서 1천여 장을 쓰고 대형 태극기 4개를 만들었다. 4월 1일 오후 2시, 현석칠을 비롯하여 학생 대표인 유우석과 학생들은 태극기를 흔들고 독립선언서를 배포하면서 만세운동을 전개

• 오빠 현석칠 회갑 때의 가족사진 (1940. 9. 24.)

하다 체포되었다. 현석칠은 목회 활동뿐만 아니라 조선의 독립을 위해서 적극적으로 활동을 했다.

같은 날 아우내 장터에서 대대적인 독립만세운동을 주동했던 유관순의 아버지 유중권과 어머니 이소제는 현장에서 사망하고 유관순도 체포되었다. 유우석은 공주검사국으로 송치되어 유관순을 잠시 만나기도 했으나 8월 공주지방법원에서 징역 6개월을 선고받은 뒤 출옥했고 유관순은 사망하고 말았다.

현덕신이 일본에서 2·8독립운동을 전개했고 현덕신의 이화학당 후배인 유관순은 3·1만세운동을 전개했듯이 현덕신의 오빠 현석칠과 유관순의 오빠 유우석은 공주에서 만세운동을 함께했다.

현석칠은 충남 공주 영명학교에 모여 만세시위 운동을 모의한 혐의로 체포되었으나 무죄 방면되었으며 1919년 3월 중순경 서울로 올라가 한성임시정부 수립 운동에 기독교 대표로 참가하여 국민대회의 간부를 맡아 운동자금을 제공하고 격문을 인쇄하는 등 주도적으로 활약했다.

또한 한성임시정부의 대표자로 600원을 조달하여 대한민국임시정부 수립에 큰 역할을 했다. 현석칠은 목사로서 교회에서 예배하고 기도하는 것으로만 머물지 않았다. 일본에 유학하고 있었던 현덕신이 보내오는 소식을 접하면서 국제적인 감각을 키웠다. 이렇게 현덕신은 일본에서 현석칠은 조선에서 1919년을 뜨겁게 보냈다.

현덕신의 오빠 현석칠은 이후에 평안북도 영변읍교회, 강서읍교회를 거쳐 1921년 9월 경기도 수원지방 감리사로 부임했다. 현석칠이 수원지방 감리사로 있을 때 현덕신은 일본 유학을 마치고 1921년 의사가 되어 귀국했다. 주소는 수원에 두고 서울의 성서학원에 머물렀다. 가족들의 사랑과 우애, 튼튼한 종교심은 어머니까지 성서학원에서 공부하게 했다. 현석칠은 다시 영변읍교회의 목사이자 영변지방 감리사를 거쳐 다시 평양 신양리교회, 평안남도 신창교회 목사 겸 신창지방 감리사로 재직하다가 1933년 평양 유정교회로 부임했다. 그리고 다시 서울로 돌아와 1935년 정동교회에서 은퇴했다. 은퇴했던 현석칠은 1938년 4월 북만주 하얼빈교회

담임목사로, 만주 사평가교회로 파견되었다가 1940년 9월 24일 회갑을 맞아 사평가교회에서 회갑 잔치를 열었다. "나이 60여세에 목회 사업에 종사한 지 32년 되던 해에 은퇴하여 용정가에 있으면서 동북교회를 후원 방조하여 그 공이 많았더니 오호라 병마로 인하여 수개월 신음하다가 강덕 11년(1944년) 9월 23일 홀연히 세상을 떠났다."[6]

6 이덕주, 「현석칠 목사의 목회와 민족운동」, 『신학과 세계』 73, 2012 참조. 현석칠에 관해서는 이 글을 토대로 재구성했다. 현석칠은 만주 용정 교외 동산, 기독교 묘지에 시인 윤동주와 윤동주의 사촌으로 옥사한 송몽규 옆에 안장되어 있었던 것을 심한보, 송대선, 세리카와 등이 발견하여 감신대 역사박물관과 중앙교회 하나로운동본부가 공동으로 묘서정비작업과 묘비 복구작업을 벌였고 조명작업이 추진되었다. 그의 사상과 행적이 밝혀지기까지 60년이나 걸렸고, 2004년 8월 15일 독립운동을 전개한 공로가 인정되어 독립유공자로 대통령장을 받았고, 2005년 10월 18일 대전 국립묘지로 이장되었다.

조선여자유학생학흥회를 이끌다

현덕신은 2·8독립선언으로 구금되었다가 방면된 이후로 더욱 치열하게 일제에 맞서는 활동을 했다. 조선의 독립을 위해서 지속적으로 비밀결사를 하느라 동분서주했다. 1920년 3월 1일에 히비야공원(日比谷公園)에서 3·1운동 1주년을 기념하는 자리에서도 태극기를 뿌리며 독립만세를 고창함으로써 '재동경조선학생독립만세사건'이라는 이름으로 최승만, 박승철 등과 함께 다시 검속되었다.[7]

그때 오빠 현석칠도 고초를 겪은 뒤에 다시 평양 남산현교회에 부임했으나 철원 애국단사건으로 1920년 3월에 경찰에 다시 체포되고 투옥되었다가 5월 16일에 석방되었다. 현덕신과 오빠 현석칠은 함께 시대를 정면으로 응시하면서 조선의 독립을 위한 한 길을 걸었다. 현덕신은 '조선청년독립단' 대표였던 백관수와 같은 일본경시청의 1급 요시찰 인물이 되어 일제의 감시 속에 있었다.[8] 하지만 일제의 감시쯤은 아랑곳하지 않았다.

그리고 보란 듯이 1920년 1월 4일 여자 일본 유학생들이 조선여자유학생학흥회(朝鮮女子留學生學興會)를 조직했다. "조선여자의

7 「재경조선학생의 독립만세의 건」, 일본경시청, 1920. 3. 3. (국사편찬위원회 한국사데이타베이스 참조)

8 「요시찰조선인종별성명표」, 일본경시청, 1920. 7. 8. (국사편찬위원회 한국사데이타베이스 참조)

• 일본 유학 시절 벗과 함께

• **일본 유학 시절** 1919년으로 추정된다

교육 보급, 넓은 지식 향상"에 설립 목적을 뒀던 여자학흥회의 회장은 유영준이 부회장은 현덕신이 맡아서 임원을 구성하고 『여자계』 4호를 발간했다. 이 조선여자유학생학흥회는 조선여자유학생친목회를 중심으로 친목 도모와 조직 활동의 경험을 쌓아가던 여자 유학생들이 본격적으로 여성운동을 펴나가기 위해 조직했다. 현덕신은 「새 세계가 다시 왔네」라는 글을 『여자계』 5호에 발표하면서 더욱 가열찬 항일 투쟁에 나섰다.

조선 청년의 역할에 대한 그의 진지한 고민은 다음의 글에 잘 나타나 있다.

> 新春(신춘)을 맞아 將來(장래)를 바라보고 過去(과거)를 승각하니 원통하고 슬프도다 香(향)으로 同胞(동포)을 사랑하고 참으로 사람을 爲(위)하여 十字架(십자가)를 지고 예수을 따를 男女(남녀) 靑年(청년)이 몟사람이며 죽음을 무릅쓰고 勇進(용진)할 者(자) 이 몟사람인고? 원통하고 긔가 막힌다. 그러나 落膽(낙담)말고 失望(실망)마셰. 過去(과거)는 죽엇쓰니 죽은 者(자)는 파뭇고 다시 살은 現在(현재)에셔 元氣(원기)잇개 活動(활동)하세. 우리 마음에 至誠(지성)이 잇쓰면 泰山(태산)이 動(동)하고 北海(북해)가 끌을지라. 다시 용긔을 너어 우리의 직무을 다하세. 우리의 책임을 他人(타인)이 담당할 理(리) 만무하다. 책임 重(중)한 우리들은 全力(전력)닉고 싸흡니세.

그는 동포를 사랑하고 사람을 위하여 십자가를 진 예수를 따르는 조선 청년들이 얼마나 되고 또한 죽음을 무릅쓰고 따라나설 조선 청년이 얼마나 되는지 따져 묻고 있다. 그리고 얼마 되지 않을지라도 낙담하지 말고 실망하지 말고 지금부터 열심히 활동하자고 권유한다. 지극한 마음으로 움직이면 하늘도 감동하고 북해도 끓을 것이므로 우리의 책임, 시대적인 소명에 전력을 다하자고 동참을 호소하고 있다. 현덕신 자신이 받아들인 시대적 소명은 예수처럼 죽음을 무릅쓰고 동포를 사랑하고 사람을 위하는 길을 가는 것이었다.

> 나의 사랑하는 男女(남녀) 靑年(청년)들은 눈을 바로쓰고 呼吸(호흡)을 깁히하여 淺薄(천박)한 無能力者(무능력자)가 되지 말고 天地(천지) 根本(근본)의 신 生命(생명)심에 굴마시고 활발한 氣運(기운)을 가슴속에 깁히 져축하며 生命水(생명수)에 沐浴(목욕)하세. 有力(유력)되도 文明(문명)한 先祖(선조)의 피를 밧어 이 몸을 일운 우리 男女(남녀)靑年(청년)들, 將來(장래) 우리 子孫(자손)의게 文明(문명)을 씨치고 갈 우리들은 엇지 活潑(활발)한 氣運(기운)을 일엇쓰며 堂堂(당당)한 意志(의지)를 버렷는고? 우리 先祖(선조)들은 朝鮮半島(조선반도) 靑年(청년)들을 爲(위)하여 地下(지하)에서라도, 大聲痛哭(대성통곡)하겟쓰며 우리의 後孫(후손)은 우리를 怨望(원망)함이 긋치지 못 하겟도다.

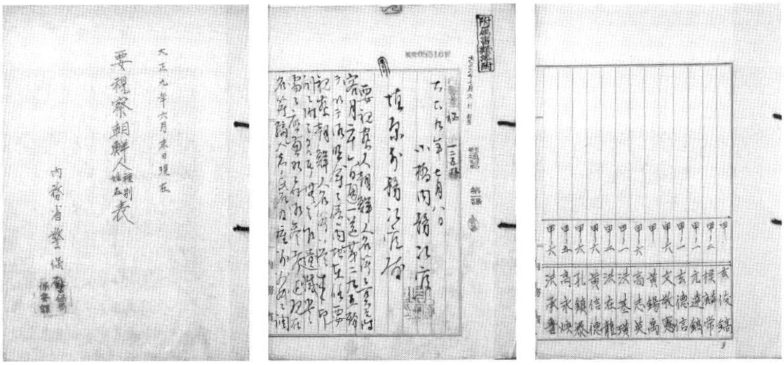

• 「요시찰조선인종별성명표」, 일본경시청 (1920. 7. 8.)[9]

그래서 천박한 무능력자가 되지 말고 선조들의 피를 이어받아 자손에게 문명을 끼치는 우리가 되자고 호소했다. 그래야 선조들이 지하에서 대성통곡하지 않으며 후손들의 원망을 사지 않을 것이라고도 했다. 그는 의학도였지만 곧은 역사의식을 가진 젊은이로서 민족의 미래를 걱정하고 있었다.

그는 여자 유학생의 중심에 있었기에 "1919년(3·1운동)의 수호가 과연 무엇인가, 광명일가 진리일가 평화인가, 활발한 긔운인가"라고 따지고 질문함으로써 "혁혁한 일광은 능히 일만 미균을 근절할 수 잇"고 "천래의 비는 일만 수육을 양육할 수 잇"으니 "새로이 암흑을 탈출"[10]하자고 호소할 수 있었다.

유영준이 회장을 맡고 전혜덕이 서기를 맡는 동안 『여자계』 편

9 국사편찬위원회 한국사데이타베이스 참조.

10 현덕신, 「새 세계가 다시왔네」, 『여자계』 5호.

• **일본 유학 시절** 왼쪽에 현덕신이 서 있고 유영준이 앉아 있다

집부원으로 『여자계』 발간까지 책임지면서 이미 감시 대상 '갑'(1급)으로 일경에 감시당하고 있었음에도 불구하고 1920년 3월 29일에 "조선여자의 종교심 향상과 단결을 확고히 할 목적"으로 유영준, 송복신과 함께 백남훈 목사와 임종순의 후원으로 30여 명의 여학생이 모여서 동경 조선기독청년회관에서 '여자기독청년회'를 발기하고 결성했다. 이렇게 시작된 여자기독청년회 활동은 귀국하여 경성여자기독교청년회의 결성과 활동으로 이어진다.

현덕신은 1920년 6월부터 여자유학생학흥회뿐만 아니라 1921년 11월 4일 '태평양회의 대 조선독립운동계획'을 위해 조선청년기독회관에서 학우회의 계획을 수립하는 임시 총회 자리에서 '조선청년독립단' 대표 이동제, 김송은, 방건성과 함께 「독립선언서」와 결의문을 채택하는 등의 활동을 펼침으로써 유학 생활을 독립운동으로 채웠다. 조선의 독립을 쟁취하기 위한 그의 항일 독립운동은 경시청의 감시에도 불구하고 동경여자의학전문학교를 졸업할 때까지 계속되었다.

그때 그는 "공부고 무엇이고 모도 집어치고 정신없이 야단들이니 나도 또한 그 공기에 버서나지 못하였다. 조선으로 돌아와 보니 가정이나 사회가 나의 예상에 버서나지 아니하였다. 나도 그만 학업을 거더치울까 하고 몣번이나 망설이다가 마음을 돌리켜서 동경으로 머리를 숙이고 돌아가"[11]서 열심히 공부를 하기 시작했다. "세상을 이지은 듯이 책상을 향하야 소위 공부라고 하는 것을 다시 하기 시작"[12]했던 것이다. 의학 공부 중에서도 참고 견디기 어려웠던 순간을 다음과 같이 기록했다.

> 그 중에도 지금까지 이치지 아니하고 무서웠든 생각을 일으키는 것은 1학년 때에 해부학을 처음으로 배우든 인상이다. 해부실에 3, 4개나 되는 시체를 놓아두고 선생과 생도들이 칼을 들고 부분 부분으로 각을 뜨며 뼈를 발가내고 내장을 끄내며 두골을 깨여 뇌를 꺼내면서 설명을 듣던 일 기분이 이상해서 사오일식 밥을 잘 먹지 못하든 일이다. 그때 나의 머리 속에는 공부도 공부고 과학도 과학이지만 이 악취 속에 들어서서 사람의 백정 노릇을 하고 나니 이것이 과연 여자로서 능히 할 수 있는 것일까. 이렇지 않고는 살 수가 없는가 하는 의문으로 머리가 복잡하여졌다. 그러나 한 번 의학에 뜻을 두었으니 기어히 맛치리라는 결심을 가지고 마음을 도사리기 무릇 몇번이었을는지 알 수 없다.[13]

그렇게 고통스럽고 어려운 의학 공부를 열심히 한 것도 조선 여성으로서 민족적 자존심을 지키는 것이라 여겼다. 여자 유학생들

---

11 현덕신, 「女醫師가 되기까지의 苦心記」, 『신가정』 3권 11호, 1935. 11. 1.

12 현덕신, 「女醫師가 되기까지의 苦心記」, 『신가정』 3권 11호, 1935. 11. 1.

13 현덕신, 「女醫師가 되기까지의 苦心記」, 『신가정』 3권 11호, 1935. 11. 1.

의 마음을 뒤흔들면서 안일해지지 않게 마음을 다잡고 의학 공부와 비밀 결사로 역동적인 생활을 해나갔다. 이후에도 독립자금 문제로 경시청에 불려 다녔다. 그가 얼마나 일본에서 항일운동을 열심히 했는지는 「밀사로 지목받는 崔雄武, 회사돈을 횡령하여 上海로 줄행랑」이라는 제하의 기사가 말해준다.

> 上海임시정부의 밀사로서 지목받아 지난달 23일 神戶水上署 손에 체포된 조선인 崔雄武(27세)는 목하 경시청에 호송되어 內鮮課員의 손으로 엄중한 조사를 받고 있다. 최는 東京 麻布중학교 출신자로 그 후 早稻田대학에 들어갔다가 중도 퇴학하고 조선에 돌아간 후 조선총독부 관리로 근무하고 있는 최의 형의 도움으로 어느 회사에서 근무하며 上海, 滿洲 등을 전전한 자이다. 경시청에서는 최가 회사 근무 중에 회사 돈을 횡령하여 上海로 도망친 후 東京제국대학 출신 조선인 김 아무개가 東京에 있는 것을 의지하고 상경하던 도중 神戶署에 붙잡힌 자로서 上海임시정부와는 아무런 관계가 없다고 말하고 있다. 그리고 10일에는 조선부인 東京女子醫專 학생 玄德信(26세)도 경시청에 출두하였는데 이는 최의 형으로부터 학자금을 받아 유학하고 있는 관계상 최를 위해 차입하러 왔다고 말했다는 것이다.[14]

---

14 아사히신문 『朝日新聞』(東京版), 1921. 11. 11.

고학생동우회 임원으로 순회연극단에 함께하다

일본 동경에는 1917년 1월에 결성된 도쿄노동동지회와 같은 해에 결성된 노동동사회(勞動同事会)가 있었다. 도쿄노동동지회는 이기동, 한윤동, 홍승로,[15] 서상한[16] 등이 중심이 되어 조직했고, 노동동사회는 이종대, 김용국, 홍승로, 김홍수가 결성했다. 두 단체는 노동자와 학생이 상부상조했다. 도쿄노동동지회는 1920년 1월 25일에 조선고학생동우회로 전환되었다.[17] 1920년 1월 도쿄노동동지회가 "조선고학생과 노동자를 지도 후원하고 상호 친목을 도모"할 것을 목적으로 한 조선고학생동우회로 개편되었고 이때부터 현덕신은 임원으로 활동했다.

조선고학생동우회는 박열 등이 활동한 재일학생과 지식인들의 사상단체인 흑도회의 모체로서 동경에서 결성된 유학생 단체의 대부분은 일제의 감시망을 피하기 위해서 표면상으로는 친목 도모와 학술 연구를 내세우고 있었다. 그러다가 1920년대에 들어서부터는 신사상 연구와 노동 문제 등으로 관심이 확대되었고 사회주의 운동에도 참여하기 시작했다.

조선고학생동우회는 유학생 단체와는 다르게 학생과 노동자가

---

15 홍승로는 독립운동 유공자 공훈록에 이름을 올린 독립지사다.

16 서상한은 독립운동 유공자 공훈록에 이름을 올린 독립지사다.

17 김창순 · 김준엽, 『한국공산주의 운동사』 2, 청계연구소, 1986, 31쪽.

• **조선고학생동우회 임원 기념** (1920. 6. 10.) 가운데 오른쪽에서 두 번째가 현덕신이다[18]

구성원이었다. 조선고학생동우회도 유학생이 차지하는 비중이 높았던 것은 대부분이 고학생이었기 때문인데 유학을 하기 위해서는 신문 배달이나 구두닦이 등으로 생활을 해결해야 했기 때문이다. 일본의 조사에 따르면 1919년에서 1923년 사이에 도쿄에 들어온 고학생의 수는 전체 학생의 3분의 1 정도로 추정[19]된다. 이 통계처럼 1910년대 동경 지역의 조선인 노동자를 가입 대상으로 한 단체는 노동자와 고학생의 연합 단체였고 유학생 중심의 상호부조와

18 성명현, 「동우회순회연극단의 활동상과 신극사적 의미고찰」, 『지방사와 지방문화』 21권 2호, 2018, 329쪽.

19 국사편찬위원회, 『일제하 한국 36년사』 7, 1967, 337~348쪽.

노동운동과 사회운동을 병행하는 방향으로 흘러갔다.

현덕신은 고학생동우회 임원으로 일본경시청의 끊임없는 감시를 받았는데, 고학생동우회는 가난한 학생들이 공부를 할 수 있게 지원을 해주는 활동을 하는 것과 함께 민족운동과 일본으로부터 독립하는 방법적인 고민을 병행하고 있었다. 그때 김우진, 조명희, 홍해성, 고한승, 조춘광이 1920년에 만든 극예술연구회와 순회연극단을 꾸려 함께 활동하기로 결정을 내렸다. 전국 순회연극에서 발생한 수입으로 고학생들의 기숙사를 마련한다는 목표와 조선 민중의 마음을 모을 수 있다는 뜻을 담았다. 이때 김우진은 무대연출을 했고, 윤심덕은 노래를 했으며 현덕신은 고학생동우회 임원으로 전국 순회연극단에 동참했다. 힘들지만 고학생들이 거처할 기숙사를 지어야겠다는 일념으로 자기 자신을 추동했다.

3장

이화학당 출신, 의사가 되다

의사가 되어 귀국하다

현덕신은 조선 사회와 조선 여성을 위한 다짐으로 유학길을 선택했던 초심을 잃지 않으려고 무진장 애를 썼다. 의학 공부를 게을리하지 않고 고군분투했다. 그러나 그에게는 학년이 올라가면서 일어나는 수많은 생각과 번민을 떨쳐내야 했던 순간들이 있었다. "실습이라고 선생 앞에서 환자를 직접 취급하여 진찰은 하지마는 암만 청진기를 귀에 대고 들어보아도 병증을 드러볼 수가 없어서 답답하고 안타까운 마음에 문듯문듯 실망이 되며 참으로 내가 길을 잘못 든 것이나 아닌가"[1]하는 회의가 일기도 했다. 하지만 끝까지 포기하지 않았다. 포기하고 싶은 순간마다 오로지 조선 사회와 조선 여성을 위한 그 마음 하나로 떠나온 조국으로 돌아가는 날을 꿈꾸었고, 조국을 떠나오던 그 순간들을 다시 되짚었다.

현덕신이 유학할 때 어떻게 생활했는지는 다음의 글에 잘 나타나 있다.

1 현덕신, 「女醫師가 되기까지의 苦心記」, 『신가정』 3권 11호, 1935. 11. 1.

> 불샹한 동포의게 回生藥(회생약)을 먹여 新天地(신천지)의 新(신)福樂(복락)을 맛보고 누리게 하리라는 어엽브고 健壯(건장)한 뜻을 품고, 닉은 故鄕(고향), 졍다운 父母(부모) 따뜻흔 家庭(가정)을 떠나서 물결 險(험)한 玄海灘(현해탄)을 膽大(담대)히 근너, 言語(언어)가 달느고 人情(인정) 習俗(습속)이 갓지 아니한 萬里(만리) 異域(이역)에 오서서, 여-러가지 말할 수 업는 苦生(고생)과 근심을 참고, 찬밥을 달게 먹고 한 자리를 덥게 자며, 學課(학과)에 專心(전심)하고 硏究(연구)에 努力(노력)하시다가 맛참내 光榮(광영)의 卒業狀(졸업장)을 손에 쥐었다.[2]

선배들의 생활을 얘기한 것이지만 현덕신의 유학 생활도 이와 다르지 않았다. 그도 정다운 고향과 부모를 떠나 언어가 다르고 풍습이 다른 이역의 땅에서 이루 말할 수 없는 고생과 걱정으로, 가난으로 힘든 생활을 딛고 공부에 전념했다. 그렇게 온갖 어려움 중에도 의지를 꺾지 않고 견디면서 동경여자전문학교를 1921년 11월 22일 졸업했다. 이광수의 부인 허영숙, 정자영에 이어 동경여자의학전문학교 출신의 세 번째 여의사가 되었다.

현덕신은 조선과 다른 언어, 풍습, 자연환경 속에서 낯설기만 했던 도시인 동경에서의 삶을 견뎠다. 조국을 잃은 망국민으로 그들

2 현덕신, 「졸업생 제형에게 드리는 말슴」, 『여자계』 3호, 1918. 9.

• 졸업 기념 사진 (1921)

의 땅에서 공부하는 일이 쉽지는 않았지만 한 가지 위안이라면 일본이라는 나라를 속속들이 더 잘 알 수 있게 되었다는 것이다. 지피지기라고 했으니 반드시 우리는 다시 조선을 되찾을 수 있다는 믿음을 갖고 유학을 가던 그 길을 거슬러 조선으로 향했다. 동경역에서 기차를 타고 나가사키항으로 가는 길, 그는 이제 무엇을 할 것인가 생각했다. 지나온 날들이 주마등처럼 스치고 지나가면서 하고 싶은 것들도 많아졌다. 이 생각 저 생각으로 가득찬 계획을 썼다 지웠다 반복했다.

그 첫 다짐과 첫 마음, 힘들고 고단했고 어려웠던 의학 공부, 그 힘든 과정을 참고 참고 또 참으며 견뎠던 시간이 의사 자격과 졸업장을 들고 귀국선에 오르게 했다. 나가사키항에서 올라탄 관부연락선은 부산으로 향했다. 그 안에서도 감시를 늦추지 않는 일경이 수없이 오가면서 독립운동가들을 색출하느라 혈안이 되어 있었다. 분노가 치밀어 올랐지만 참아야 했다. 이제는 돌아가 마음먹었던 일을 할 수 있게 되었다는 기쁨과 설렘도 잠시, 무거운 마음은 어쩔 수 없었다. 조국에 돌아가서 마음껏 아픈 사람들을 치료하고 조선의 미래를 도모할 수 있게 되었으니 다행이라고 되뇌이면서 무거운 침묵을 안고 돌아오는 길이었다.

• **학사모와 졸업장을 들고**
동경여자의학전문학교 졸업 사진

그는 의사 자격을 취득했지만 병원 차릴 형편도 안 되었을뿐더러 어디에서 의술을 베풀 수 있게 될지 정해진 것은 없었다. 안개 같은 불확실한 상황이 가슴을 답답하게 했다. 그래도 어떻게든 해결할 수 있을 것이라는 믿음으로, 일본에서도 공부를 했는데 하물며 내 나라 내 땅에서 해결할 수 없는 일이 있겠는가 하는 자신감으로 무작정 부딪쳐보기로 마음먹었다. 두드리면 열린

• 현덕신의 동경여자의학전문학교 졸업 기념 사진 (1921)
앞줄 왼쪽에서 두 번째 흰 한복이 현덕신, 검정 한복이 유영준이다

다는 확신은 일본 유학 중에 얻은 믿음이었기에 두렵지 않은 것도 사실이었다. 2·8독립선언에 참여해 검속되었던 순간에도 두려움 없이 당당했고, 일본경시청의 계속되는 감시 속에서도 비밀결사를 감행했던 것이 한두 번이 아니었으니 단련된 정신은 어디로 가지 않는 법이었다. 조선고학생동우회 활동도 뜨거운 심장이 있었기에 가능했던 것처럼 그 뜨거움으로 밀고 나가리라 다짐했다.

의학 공부 하나만으로도 감당하기 어려운 시간, 그 시간을 쪼개고 쪼개가면서 조국의 독립을 위해 감행했던 일들이었다. 일신의 안위보다도 조선을 먼저 생각하고 움직였던, 그리고 반드시 일제의 속박에서 벗어나 조선을 되찾는 데 힘을 보태고 말겠다는 굳은 의지는 귀국길에도 변함이 없었다. 의사로 일할 의료기관이 정해지지도 않았지만 사실 문제될 것은 없었다. 자기의 일은 스스로 개척하면 될 일이기 때문이다.

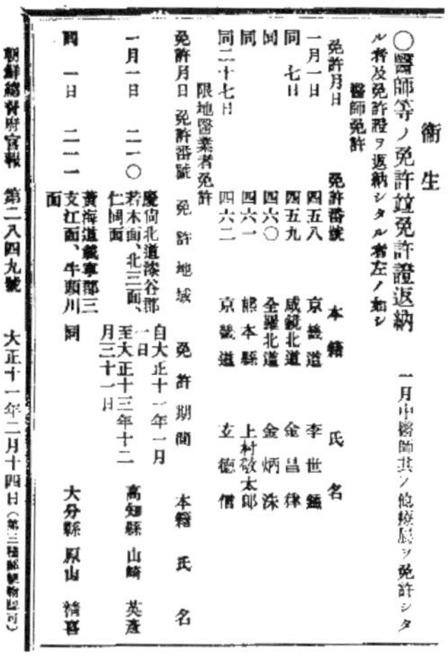
衛生

○醫師等ノ免許竝免許證返納

一月中醫師其ノ他醫業者ヲ免許シタル者及免許證ヲ返納シタル者左ノ如シ

醫師免許

免許月日	免許番號	本籍	氏名
一月一日	四五八	京畿道	李世鎬
同 七日	四五九	咸鏡北道	金昌律
同	四六〇	全羅北道	金炳洙
同	四六一	熊本縣	上村敬太郎
同二十七日	四六二	京畿道	玄德信

限地醫業者免許

免許月日	免許番號	免許地域	免許期間	本籍	氏名
一月一日	二一〇	慶尙北道漆谷郡若木面、北三面、仁同面	自大正十一年一月一日至大正十三年十二月三十一日	高知縣	山崎英彥
同 一日	二一一	黃海道載寧郡三支江面、牛峴川面	同	大分縣	原山禎喜

朝鮮總督府官報 第二八四九號 大正十一年二月十四日 (第三種郵便物認可)

• 현덕신 의사면허 462호
조선총독부관보 제2849호, 1922.2.[3]

그렇게 수많은 생각을 감았다 풀었다 반복하다 보니 배는 어느새 대한해협을 건너 부산항에 닻을 내리고 있었다. 드디어 유학을 마치고 돌아왔구나 하는 생각과 동시에 왈칵 쏟아지는 눈물에 가슴이 뜨거워졌다. 이제부터 시작이다.

의사가 되어 금의환향한 그는 감리교회에서 운영 중이던 서울 죽첨정 부인성서학원에 머물렀다. 이화학당을 졸업하고 2년간 평양에서 교사로 학생을 가르치다가 떠난 유학이었으니 머물 곳이 마땅치 않았다. 부인성서학원은 1908년 2월에 전도부인 양성 교육을 위해 서울 종로 인사동에서 운영하다가 1917년 봄 죽첨정 언덕에 3층짜리 건물을 짓고 여성 신학 교육을 위해 미국 북감리회와

3 국사편찬위원회 한국사데이타베이스 참조.

• 조선총독부의원의 유일한 여의사 현덕신 (1922년 추정)

남감리회 여선교부가 연합으로 여자신학교를 운영하고 있었다. 부인들과 여학생들이 성서 공부와 학습을 하고 기숙사가 있었기 때문에 그가 머물기에는 적합했다.

긴 여정의 귀국길에 지치고 힘이 들기도 했지만 그는 당장 일할 곳을 찾는 것이 급선무였다. 졸업은 했으나 아무것도 알지 못한다는 부끄러운 마음이 있었고 도저히 무엇을 하겠다는 자신이 생기지 않았다. 그래서 2~3년 동안은 조선총독부의원에서 실습을 마치고 기회가 있으면 독일에 가서 공부하겠다는 포부를 품고 있었다. 하지만 당장은 독일 유학은 잠시 뒤로 미루고 일자리를 구하는 것이 먼저였다. 그래서 가장 먼저 전화번호부를 보고 조선총독부의

• **동대문부인병원 의사와 간호사** 첫 번째 줄 오른쪽에서 두 번째가 현덕신이다

원 원장에게 전화를 했다. 적극적이고 주체적이었던 현덕신은 자기를 소개하고 조선총독부의원에서 일하고 싶다는 의사를 전했다. 그리고 당당하게 조선총독부의원의 원장을 찾아가 면담을 마치자마자 바로 근무해달라는 요청을 받았다.

그렇게 해서 그는 조선총독부의원에서 2년간의 수련의 과정을 거치게 되었다. 그때를 현덕신은 이렇게 회상했다.

> 이튿날부터 총독부병원으로 가서 만 2년 이상을 내과를 거쳐서 산부인과로 옴기였는데 여자로서 이 직업이 어려운 것은 연구시대인 이때에도 없지 아니하자고 여자라고는 나뿐이니 모도

> 가 초면이라 누구를 돌아보고 의론할만한 사람도 없다. 그렇다하여서 간호부를 다리고 말벗을 삼기도 어렵고 앉을 곳이며 설만한 자리가 모도가 맛당치 않었다. 지금은 여의사 방이 따로 있는 모양이지만은 그때쯤은 여의사실은 그만 두고 점심 먹을 때 자리 하나도 정해 논 곳이 없었다. 그러므로 점심시간이 되면 한식당에서 백여명의 뒤섞인 변또를 각각 찾어가지고 제맘대로 앉어서 먹는데 4방을 둘어보아야 여자라고는 나 하나뿐이니 열적기도 하고 이상스러워서 먹을 수가 없었다. 그러다고 하여서 안 먹을 수도 없고 먹자 하니 마음이 안 놓이고 점심때마다 걱정꺼리다. 이렇게 지내기를 맺달을 하였으니 답지도 못한 고동 여자인 까닭에 남모르게 하였든 것이다.
>
> 그러나 그곳에는 설비가 완전하고 지도하는 선생들이 모두 대가들이었기 때문에 새로 배우고 얻은 바가 많았었다.[4]

그는 조선총독부의원에서 내과와 산부인과에서 근무했다. 조선총독부의원에는 100여 명의 의사와 간호부와 직원들이 있었지만 여성은 현덕신 혼자였다. 그래서 점심때마다 걱정이었고 어려움이 한두 가지가 아니었다. 그렇다고 그 어려움을 누구에게 말할 수도 없었고 말할 상대도 없었다. 그런 환경에서도 현덕신은 조선총독

4 현덕신, 「女醫師가 되기까지의 苦心記」, 『신가정』 3권 11호, 1935. 11. 1.

• 남편 최원순과 결혼식 (1923. 6. 16.)

부의원에서 열심히 배우고 익힐 수 있다는 것에 감사했다. 병원에서 막 근무를 시작했으면서도 대사회적인 활동도 시작했다. 1922년 1월 31일 예수교청년연합회가 주최한 강연회에서 '백절불굴'이라는 연제의 강연은[5] 그 시작이었다.

5 「남녀연합강연」, 『매일신보』, 1922. 1. 31.

동대문부인병원의 부름을 받다

조선총독부의원에서 근무하면서 경력은 쌓은 현덕신은 로제타 홀의 부름을 받고 1923년부터 동대문부인병원으로 자리를 옮겼다. 현덕신이 조선총독부의원에서 수련의로 조선의 여성을 위한 진료 활동을 시작한 뒤에 동대문부인병원으로 옮겨서 조선의 여성과 어린이를 돌보는 본격적인 진료를 시작했다.

동대문부인병원은 조선 최초의 여성전문병원으로 보구녀관에서 출발했다. 보구녀관(保救女館)은 고종 황제가 하사한 이름으로 스크랜튼이 조선의 여성들을 위한 전문병원의 필요성을 여선교 본부에 간곡하게 요청하여 1887년 10월 여의사 메타 하워드가 1888년 11월 이화학당 구내의 한옥을 병원으로 개원했다. 1890년 20월 로제타 셔우드가 부임하여 '여성을 위한 의료 사업은 여성의 힘으로'라는 사명으로 여성 환자들을 진료함과 동시에 이화학당의 학생들에게 생리학을 가르치면서 이화의 여성 교육과 조선의 여성 진료를 도맡았다.

• 동대문부인병원 의사 시절의 앳된 현덕신

보구녀관은 사실상 여성 진료 기관이자 의학 교육의 현장으로 조선 여성들의 주체적인 삶을 지원하는 정신적인 거처였다. 그 과정에서 김점동(박에스더)이라는 조선 최초의 여의사가 탄생했다. 보구녀관은 '볼드윈 진료소'로 동대문에 분원을 설치했는데 이것이 나중에 동대문부인병원이 되었다.

현덕신은 "2년 이상을 지내고 나니 겨우 환자를 볼만한 적으나마 자신이 생기자 동대문부인병원의 나의 은인인 홀의사가 부르는 대로 응하야 비로소 의사노릇을 하기 시작하였다."[6] 그는 동대문부인병원에서 의사로, 그리고 간호부들에게 간호학과 생리위생학을 가르치는 교수로, 정신여학교 생물 교사까지 겸직했다. 조선의 신여성으로서, 지식인이자 의사로서 바쁘고 치열하게 조선 여성을 위하여 투신했다. 일본 유학길에 오르면서 다짐했던 초심을 잃지 않고 꿋꿋하고 올곧게 갈 길을 갔다.

한편으로는 사회적 역할에도 충실하려 애썼다. 1924년 7월 5일에 열린 생활 개조를 설파할 연합현상 토론대회의 주제가 "생활개조는 어대로부터 가정으로? 사회로?"였는데 이 토론대회에도 참여했다. 가정 측과 사회 측으로 나누어 진행된 토론대회는 가정 측 연사로 천도교 내수단의 김정옥, 여자기독청년회 정마리아, 조선여자청년회 한진광, 조선여자교육협회 노순열이 참여했고 사회 측

6 현덕신, 「女醫師가 되기까지의 苦心記」, 『신가정』 3권 11호, 1935. 11. 1.

• 동대문부인병원의 현덕신과 안수경 (1926)

에서는 조선불교여자청년회 김계송, 토산애용부인회 이운경, 조선여성동우회 박원희가 참여했다. 현덕신은 '중앙엡웟청년회여자부' 소속으로 사회 측 연사로 참여했다. 토론대회 심사위원은 이상재, 김번욱, 이권용, 노정일, 최남선이었다.[7] 토론대회 참가자가 모두 여성들이었고 사회활동을 하고 있었기 때문에 가정생활과 사회활동 사이의 양립할 수 없는 문제로 고민을 하고 있었다. 이날의 토론대회가 어떤 결과로 이어졌는지는 알 수 없지만 가정과 사회 문제를 공론화했다는 점에서 여성들에게는 의미있는 자리였다.

또한 현덕신은 1920년 4월에 만들어진, 여성들만을 조합원으로 하고 소비자조합운동과 주식회사 성격을 지니고 있었던 동아부인상회에도 참여했다. 여성용품이나 가정 필수품, 문구류 등의 판매와 재봉업을 겸하고 있던 동아부인상회의 임원으로 이용경, 김성실, 최설경과 함께 활동했다.[8] 신여성에게 주어진 사회적 역할은 시대적인 임무이기도 했다.

7 『시대일보』, 1924. 6. 28.

8 『매일신보』, 1923. 8. 2.

경성여자기독교청년회 회장이 되다

조선일보가 '첫길에 앞장선 이들'이라는 기획기사에 네 번째로 소개한 인물은 현덕신이다. 현덕신, 그가 얼마나 바쁘고 치열하게 시대를 이끌고 있었는지 여성들을 위하여 열정을 다했는지, 당시 조선 사회에 어떤 존재였는지가 여실하게 드러나 있다.

> 조선여자 의학계에 이름이 자자한 현덕신여사는 육신으로 병들어 죽어가는 생명을 구원할 뿐만 아니라 정신으로 불구자가 되어 도탄 중에 신음하는 조선여자사회를 위하여 또한 혈성을 다하는 것이다. 그는 일찍이 동경여자의학전문학교를 우수한 성적으로 마치고 고국에 돌아와 벌서 삼년동안이나 동포의 보건문제를 위하여 여러 방면으로 노력하는 중이요, 현재 동대문부인병원에서 매일 아침마다 여러 간호부들에게 간호학과 생리위생을 가르치고 오후에는 병으로 고생하는 수많은 부인들과 어린아이들에게 더할 수 없는 기쁨을 주는 것이다. 병든 사람을 고치고 죽어가는 생명을 다시 살리는 일만 하여도 사회에 공로가 크다 할 터인데 더욱이 갈바를 모르고 흑암 중에서 방황하는 일천만 여자의 손목을 이끌어 광명한 세계로 나오게 하기를 또한 주저치 아니하는 것이다.
>
> 기독교여자청년회의 회장이 되어 때때로 강연회를 열고 일반

부녀의 상식을 더하게 하며 기독교정신을 이어받아 여러 부인의 도덕을 기르게 하는 것이다. 그뿐만 아니라 인사동 태화여자관 안에 수십명의 여자들을 모아 놓고 상당한 교사를 초빙하여 매일 두 시간씩 영어강습을 시키는 것이다. 그리고 장차 지방에서 올라와 각 여학교에 통학하는 학생들과 직업부인으로 유숙할 곳이 마땅치 못하여 애쓰는 여러 부인들을 위하여 여자기숙사를 세울 계획까지고 있다한다.

실로 현부인은 우리 여자계의 지식적 전위자가 되고 새생명의 원심력이 되는 것이다. 그리고 그는 원래 체질이 강강하여 오년(오개성상)을 해외에 유학할 때에도 일찍이 감기로 누어 본 일이 없고 세상에 나서 한 번도 자기 몸을 의사에게 진찰한 일이 없다 한다. 그는 과연 튼튼한 몸과 돌올한 정신으로 병든 사람에게 의원이 되고 가정에 들어가면 어진 아내기 되고 사회에 나오면 밝은 등불이 되는 것이다. 그러기에 그의 장래가 행복하기를 바란다.[9]

이 보도를 보면 현덕신은 조선 여성을 위해 혈성을 다하고 있고, 간호부들에게 간호학과 생리학을 가르치고 있으며 오후에는 병으로 고생하는 부인들과 어린이들을 치료하고 있다. 그리고 방

9 「육체의 병과 정신의 병을 다 치료 - 여자기독청년회장 현덕신」, 『조선일보』, 1924. 11. 26.

• **동대문부인병원에서 간호부와 함께** 맨 왼쪽이 현덕신, 맨 오른쪽이 안수경이다

황하는 여성들을 위해서 강연회를 열고 있으며, 태화여자관에서 교사를 초빙하여 2시간씩 영서 강습을 시키고 있고, 기숙사를 세울 계획을 하는 등 조선여자계의 지식적 전위자이자 새생명의 원심력이라고 소개할 만큼의 사회적 위치에 있었다.

그는 의사로서 뿐만 아니라 조선의 여성을 위하여 제도적으로 관습적으로 행해진/행해온 문제들을 해결하는 데도 앞장섰다. 알게 모르게 남성의 법적 지위처럼 여성을 종속적인 존재로 여겨왔던 남성 중심 문화의 봉건적 잔재를 청산하고 특히 공창 폐지를 주장하고 나섰다.

그는 종로 중앙기독교청년회관에서 세브란스병원 안에 있는 공창폐지기성회가 주최한 강연회장에서 '공창 폐지와 사회의 결여'[10] 라는 주제의 강연을 통해 공창 폐지를 강하게 주장했다. 그는 동대문부인병원의 의사로서 진료와 치료를 하는 것에 머물지 않고, 의료 복지 정책의 문제와 공창제 폐지를 요구하는 여성운동으로 활동의 보폭을 넓혀나갔다.

또한 그는 경성여자기독교청년회장으로 사회적 역할을 수행했다. 700여 명의 회원이 입추의 여지가 없이 회의장을 가득 메운 가운데 제2주년 창립기념식을 거행했는데 조선여자청년회 회장 신알벳타 여사의 뜨거운 축사와 정신 찬양대의 '야옹야옹' 노래에는 만장의 박수 소리가 우레와 같이 쏟아졌다. 제2부에서는 회원들이 한 사람씩 영국, 중국, 미국, 남아프리카, 프랑스, 인도, 러시아, 일본, 이탈리아, 인도, 체코슬로바키아 사람으로 변장하고 각 나라의 여자기독교청년회 대표로 축사를 하는 등 재치 있고 즐겁게 행사를 치렀다.[11]

경성여자기독교청년회 창립 2주년 기념식은 현덕신의 기독교정신에 입각해 여성들이 여성을 위한 시대를 이끄는 시대정신을 가지고 여성이 여성으로서뿐만 아니라 인간으로 차별 없이 살아가는 세상을 향한 하나의 여정이었다. 그것이 현덕신이 걷고자 하는 길이었고 그가 믿는 예수를 따르는 삶의 길이었다. 그래서 늘 인간으

10 「집회」, 『조선일보』, 1924. 5. 8.

11 『조선일보』, 1924. 12. 14.

• 경성여자기독교청년회 창립 2주년 기념식 사진 (1924. 12. 12.)

로 대접받지 못하는 여성들을 위한 자리에는 빠짐없이 달려가 그들과 함께했고 그들을 위한 목소리를 내는 것에 두려움 없이 나아갔다.

현덕신이 회장으로 있던 경성여자기독교청년회는 태화여자관에 독자적인 사무실을 두고 있었다. 태화여자관은 본래 태화관이었다. 태화관은 세종의 막내아들 영응대군의 사위가 된 구수영이 거처를 마련한 뒤로 '태화정'이라는 정자를 짓고 살던 곳인데 조선 후기 영의정인 김흥근이 살았고 대원군 때는 헌종의 귀빈인 순화궁 김씨가 살면서 '순화궁'으로 불렸고, 순종이 즉위한 후에는 이윤용을 거쳐 이완용의 소유가 되었다. 궁내부 주임관으로 궁중 음식 전문 요리사였던 안순환이 이완용에게 임대를 받아 운영하던 재력가와 부자들이 찾는 요리집 태화관이 되었다. 이곳에서 민족 대표 33인이 1919년 3·1 독립선언을 했다.

이곳은 1920년 9월 20일 미국 남감리회 여선교부에서 "경성 제일가는 조선식 건물이오 기지되는 명월관 지점을 20만원"[12]에 '선교백년기금'으로 매입하여 1921년 4월 4일 태화여자관으로 개관했다. 그리고 1917년부터 미감리회 남감리회, 북장로회가 연합 운영해오던 전도부인 양성과정의 수업도 여자성경학원으로 개강했다. 종교부, 의약부, 영아부, 사회부, 교육부, 도서부, 아동부로 나누어 사업계획을 세워 발표함으로써 의료와 아동, 교육을 망라하여 여자와 아동을 위한 교육에 힘써나갔다.

태화여자관은 "조선사람의 가정을 종교적 가정을 만들어 청결하고 신성하게" 하는 것, "조선사람의 가정을 개조하는 것"에 목적을 두고 먼저 "양복 짓는 법, 료리 만드는 법, 영어, 산술, 한문, 기타 무엇이든지" 가르치는 여자 교육 기관이 되어갔다. 1922년 12월에 결성된 경성여자기독교청년회가 독자적인 사무실을 마련하지 못하고 있다는 것을 알고 에드워즈 관장은 '별유천지' 동관 11칸을 빌려주었다. 그렇게 경성여자기독교청년회 사무실이 마련되었다. 초대 회장은 최활란, 총무는 유각경이었다. 그래서 "여성을

---

12 『기독신보』, 1919. 12. 29.

• **경성여자기독교청년회 단체사진 (1924)** 가운뎃줄 여선교사 왼쪽이 현덕신이다

대상으로 복음을 전하고 신앙 교육을 실시하며 불우한 여성과 아동을 대상으로 사회 사업까지 펼칠 수 있는 여성 종합 사회 선교 공간"[13]이 되었다.

현덕신은 이곳에서 여러 사업을 계획하고 실행하기 시작했다. 이곳을 여자기독교청년회에 사무실로 빌려준 것에 대해서 감리교 선교부에서는 문제를 제기했으나 에드워즈는 태화여자관 사업에 도움이 될 것이라고 강조했다. 그때 회장이 바로 현덕신이었다. 이는 에드워즈의 편지를 통해서도 확인이 된다.

13 이덕주, 『태화 기독교사회복지관의 역사-1921-1993』, 태화기독교사회복지관, 1993, 119쪽.

• 경성여자기독청년회 교원친목회 기념 단체사진 (1924. 4. 19.)
앞줄 왼쪽에서 두 번째가 현덕신, 셋째 줄 오른쪽 두 번째가 황에스더이다

그들은 필요한 만큼 충분한 자금을 갖고 있지는 못합니다만 어떤 부잣집 부인한테서 5백원을 희사받았는데 그것으로 책상과 의자들을 사고, 책과 잡지를 사서 도서실을 꾸미려 하고 있습니다. 그들은 또한 위생적이고 깨끗하며, 비밀이 보장될 목욕탕을 꾸밀 계획도 갖고 있습니다. 이 두 가지 사업은 태화여자관이 계획하고 있는 일이기도 합니다. 또한 우리 자금도 한계가 있으니 그들로 하여금 자금을 모금하게 하고 직접 일하게 함으로 이 젊은 청년들을 교회 안에 묶어 놓을 수 있을 뿐만 아니라, 그들이 우리 건물을 사용함으로 이곳이 한국의 청년 여성들에게 축복받

는 곳이 되기를 기대하고 있습니다. 제가 태화여자관에 온 지 얼마 안 되어 그들이 찾아와 자기 단체 운영위원회의 고문이 되어 달라고 요청하였습니다.[14]

에드워즈의 편지에 있는 것처럼 경성여자기독교청년회에서는 책상과 의자를 구비하고 책과 잡지를 비치한 도서실을 마련하고 위생적이고 깨끗한 목욕탕을 마련할 계획을 세우고 있었다. 그래서 경성여자기독교청년회 사업과 태화여자관 사업 계획이 같기 때문에 자금 문제를 해결할 수 있고, 한국의 여성 청년들에게도 유익한 사업이 될 것이라고 했다. 사실 이것은 경성여자기독교청년회장 현덕신이 계획하고 있던 일과 상당 부분 겹친다. 현덕신의 인터뷰를 통해서도 알 수 있다.

현재 하여가는 일외에도 여러 가지 계획한 사업이 만히 잇섯스나 금전과 시간관계로 유의막수가 되어왓습니다. 그러나 지금까지하여 오는 일도 우리청년회로서는 매우 로력하고 분투한 동시에 그성적도 상당하얏습니다. 그러나 현재하여가는 그것만으로는 도뎌히 만족을 어들 수가 업습으로 우리회 간부들은 항상 유감 천만으로 아러 오든바 종래의 계획하여 오든 중에서 명년

14 Edwards' Letter to Howell, Apr, 10, 1924. 이덕주, 『태화 기독교사회복지관의 역사-1921-1993』, 태화기독교사회복지관, 1993. 172~173쪽에서 재인용.

부터는 편물과(편물과(編物科))를 두고 일반학생을 모집하야 철을 따러서 여러 가지 편물 등속을 교수하기로 일전 이사회(理事會)에서 결의하엿슴니다. 그리고 성력을 다하야 금전을 변통하여 가지고 여자긔숙사(女子寄宿舍)를 설립하야 객디에서 숙소로 고난밧는 녀자들에게 다소의 편의를주도록 하랴함니다. 그 다음에는 여자공동식당(女子共同食堂)과 여자공동목욕탕을 설립하고 일반녀자에게 한하야 수응하랴함니다. 그리고 자미스러운녀자의 모임과 긔독교서뎐 강연가튼 것을 때때로하랴함니다. 이외에도 여러 가지 계획이 만슴니다만은 금전과 시간관계도 잇슬 뿐아니라 기타 여러 가지 사정으로 아직은 말슴하기가 어렵슴니다.[15]

그가 적성에 맞는 교사의 길을 뒤로하고 어려운 의사의 길을 선택하면서 유일하게 다짐하고 다짐했던 그것, 조선 여성을 위한 삶을 살겠다는 것이 평생에 걸친 목표였던 만큼 '조선여성'을 위한 길에 나타난 장애물을 거침없이 걷어냈다. 경성여자기독교청년회장으로 활동한 것도 명예를 위해서 선택한 것이 아니라 조선의 여성들이 조금이라도 사람답게 살 수 있는 길을 인도하는 안내자가 되는 하나의 방법이었을 뿐이다.

앞의 보도 내용을 보면 현덕신은 편물과를 개설하여 교육하고,

15 「여자기독청년(女子基督青年) 숙사(宿舍) · 목장(沐場) 여자위하야 설비」, 『조선일보』, 1925. 1. 1.

여자 기숙사를 설립하여 어려운 여성들의 편의를 제공하며 여성을 위한 공동 식당과 공동 목욕탕을 설립할 계획으로 활동했음을 알 수 있다. 종교에 기대고 있지만 여성들을 위한 교육과 기숙사와 식당과 목욕탕을 설립하여 여성들의 지위 및 삶의 질 향상을 위해 고군분투했던 현덕신이었다는 것을 알 수 있다.[16]

YWCA는 "젊은 여성들이 하나님을 창조와 역사의 주로 믿으며 인류는 하나님 안에서 한 형제자매임을 인정하고 예수 그리스도의 가르침을 자기 삶에 실천함으로써 정의·평화·창조 질서의 보전이 이루어지는 세상을 건설함을 목적"[17]으로 한 여성단체다.

현덕신은 일본 유학 시절인 1920년 3월 29일 유영준, 송복신과 발기하여 백남훈 목사와 임종순의 후원으로 여자청년회를 조직하여 일반 여자들에게 종교심을 환기하고 여러 차례의 강연회를 열었던 경력이 있었던 만큼 그가 경성여자기독교청년회장으로 활동

16 이렇게 경성여자기독교청년회장으로 활동한 내력이 분명하게 드러나 있음에도 불구하고 『서울YWCA80년사』 등 한국YWCA 결성과 초기 활동에 혁혁한 공이 있었던 현덕신에 대한 언급은 없다. 『서울 YWCA80년-YWCA100년을 향하여』에는 YWCA 창설자로 김활란, 김필례, 유각경으로, 그리고 1대 회장 최활란(1922. 12~1925), 2대 회장 차사백(1925. 7~1932)으로 기록했다. 현덕신이 일본 유학 시절부터 여자청년회를 조직하여 활동했고 이력이 기록으로 남아 있고, 신문 보도를 통해서도 서울에서 활동 기록이 명백하게 증거로 남아 있다면 서울 YWCA뿐만 아니라 한국YWCA연합회도 바로 잡아야 한다. 여성운동가로서 현덕신의 활동과 성과를 반영할 필요가 있다. 여자기독교청년회 역사에 기록하지 않는 것이 어떤 의도와 목적, 선택과 배제의 논리가 작동한 것은 아닌가 싶다.

17 서울 YWCA, 『서울 YWCA80년-YWCA100년을 향하여』, 2002, 8쪽.

한 것은 자연스러운 것이었다. 일본 유학 당시 조직한 여자청년회는 이화학당 동기동창인 박승호가 간사를 맡았고 이현경이 서기를, 한소제가 회계를 맡아서[18] 수고했고 이들은 귀국해서도 열심히 사회적 역할을 수행했다.

18 일본 내무성 경보국, 「요시찰 조선인 종별/성명표」, 1920. 6. 30. (국사편찬위원회 한국사데이타베이스 참조.)

여성 전문 병원 설립을 주장하다

다방면에서 조선 여성을 위한 전방위적인 활동을 하고 있던 현덕신에게 미감리교단이 동대문부인병원을 세브란스병원과 합병하기로 내정했다는 소식이 들려왔다. 그 소식을 듣고 여성 전문 병원을 더 늘려야 할 판에 여성 전문 병원을 없애겠다는 결정에 유영준, 정자영, 윤보명, 안수경 등과 함께 동대문부인병원 폐지 반대운동에 나섰다.

이때 조선여자기독청년회, 조선여자청년회, 동대문부인병원여자청년회, 동대문의간호청년회, 간호부회, 산파회, 조선여자기독교청년회연합회 등도 동대문부인병원 폐지 반대운동에 동참했다. 부인병원폐지반대연맹회에서는 「결의문」을 채택했다.

> 동대문부인병원을 폐지하거나 혹 남자권에 경영권을 이전케 하는 것은 조선의 현재 사정에 조하여 실로 시대 역행의 오계이며 더욱 여자계에는 막대한 손실로 인정함으로 우리들은 조선여자의 기독교적 사업의 진보향상을 위하야 철저히 파에 반대함[19]

즉 여성 전용 병원의 폐지는 여성 의료 환경 여건상 큰 손실일

---

19 『조선일보』, 1925. 5. 22.

朝鮮에 女病院이 必要호 理由

女醫師 玄德信

•「조선에 여병원이 필요한 이유」[20]

뿐만 아니라 여성 기독교 사업에도 문제가 발생하기 때문에 진보적이지 않고 시대를 역행하는 일이며 이로 인하여 막대한 손실을 초래할 것이라는 우려에 결국 동대문부인병원 폐지는 없던 일이 되었다.[21]

현덕신은 의사가 되기로 결심한 이래 조선 여성을 위하는 마음은 한 번도 변한 적이 없었다. 그렇기 때문에 동대문부인병원만으로는 여성들을 감당하기 어려울 뿐만 아니라 더 많은 환자들을 돌

20 현덕신, 「朝鮮에 女病院이 必要호 理由」, 『기독신보』, 1926. 12. 1.

21 『동아일보』, 1925. 5. 23.

보기 위한 여성 전문 병원이 필요하다고 여기고 있었다. 그래서 다수가 과학적 지식이 부족하고 위생에 무식할 뿐 아니라 옛적부터 내려오는 풍습 습관 등으로 인해 부녀의 생명을 지켜내기가 어려운 상황이니 반드시 여의사가 필요하고, 여자가 경영하고 여자 환자만 보는 여성 전문 병원이 필요하다고 주장하기에 이른 것이다.

현덕신은 1926년 12월 8일 『기독신보』에 「조선에 여병원이 필요흔 이유」라는 글을 기고하여 여성 전문 병원이 필요한 이유를 대서특필했다.

> 朝鮮女子(조선여자)는 家庭人(가정인)에 근칠뿐만 아니라 在來(재래)의 風俗慣習(풍속습관)에 저져서 男子(남자)라ᄒᆞ면 自己(자기)의 家庭(가정) 中(중) 가장 親近(친근)ᄒᆞᆫ 親戚(친척)이나 自己(자기) 男便(남편) 外(외)에는 面談(면담)을 ᄒᆞ기도 써리는 것이 一般(일반)의 通則(통칙)이니 하믈며 自己(자기)의 病(병)을 남의 男子(남자)의게 뵈이는 것은 實(실)노 一般(일반) 舊式(구식) 家庭(가정)의 婦女(부녀)의게는 ᄉᆡᆼ각에도 밋치기 어려운일이다. 病(병)을 診斷(진단)ᄒᆞ기 爲(위)ᄒᆞ야 醫師(의사)가 오면 팔을 슈건으로 싸고 슈건우르로 겨우 診脈(진맥)을 식히던 것이 婦女(부녀)의 病(병)을 보는 方法(방법)이엿스니 其(기)와 갓치 甚(심)ᄒᆞᆫ 일은 多少(다소) 곳치게 되엿슬지라도 그러ᄒᆞᆫ 風俗(풍속)은 아직까지도 婦女(부녀)의 가슴 속에 자최를 가지고 잇다.[22]

여성 전문 병원이 필요한 이유를 조선의 풍속과 관습적인 측면에서 '병을 진단ᄒᆞ기 위ᄒᆞ야 의사가 오면 팔을 슈건으로 싸고 슈건우르로 겨우 진맥'했던 사례를 들어 조선 여성에 대한 문화적 이해를 바탕으로 한 병원이 필요하다고 했다. 그리고 "매년 조선부녀가 곳칠수 잇는 병을 곳칠만ᄒᆞᆫ 금전이 잇는 사ᄅᆞᆷ으로도 의사의게 뵈이기를 꺼리는 결과 무참히 앗가운 생명을 헛되이 일허버리는 수가 결코 적지아니ᄒᆞ다. 생명ᄭᅡ지는 아니밧친다 지라도 쓸대업는 고통 적게 밧고도 넉넉ᄒᆞᆯ 고통을 밧는 부녀의 수가 매년 막대"[23] 한 만큼 여성의 생명을 지키고 고통을 덜어줄 방법은 여성 병원을 세우는 것이라고 힘주었다. 그리고 여성들을 치료하는 여성 의사도 필요하다고 주장했다.

> 一般(일반) 婦女(부녀)의 疾病(질병)을 고쳐주기 爲(위)ᄒᆞ여도 女醫師(여의사)가 病院(병원)을 經營(경영)ᄒᆞ는 것이 必要(필요)ᄒᆞᆯ 쑨만 아니라 社會的(사회적)으로 보아도 衛生思想(위생사상)을 一般家庭(일반가정)에 普及(보급)식히는 수단으로도 女醫師(여의사)가 必要(필요)ᄒᆞ다.
>
> ᄯᅡ라서 女醫師(여의사)는 男醫師(남의사)와 갓치 한가지 긔관에셔 事務(사무)에 從事(종사)ᄒᆞ는 것보다도 女子(여자)만 ᄯᅡ로 獨立

22 현덕신, 「朝鮮에 女病院이 必要ᄒᆞᆫ 理由」, 『기독신보』, 1926. 12. 1.

23 현덕신, 「朝鮮에 女病院이 必要ᄒᆞᆫ 理由」, 『기독신보』, 1926. 12. 1.

(독립) ᄒᆞ여셔 經營(경영) ᄒᆞ는 機關(기관)이 필요ᄒᆞ다. 다시말ᄒᆞ면 男子(남자)와 女子(여자)가 空同(공동)으로 病院(병원)을 經營(경영) ᄒᆞ게 되면 죠션 一般(일반) 婦女(부녀)의 ᄉᆡᆼ각에 그 병원은 男子(남자)의 病院(병원)과 다름이 업시 ᄉᆡᆼ각이 들게 되는 고로 女子(여자)가 經營(경영) ᄒᆞ고 女子(여자) 患者(환자)만 보는 병원이 必要(필요) ᄒᆞ다.[24]

이 글에서 이야기하고 있는 여성 전문 병원이 필요한 또 하나의 이유는 여의사가 병원을 경영하면 사회적으로도 위생적인 생활을 할 수 있는 수단이 될 수 있다는 것이다. 거기에 덧붙여서 여성의 해방과 지위 향상의 측면에서도 여성병원이 필요하다고 주장했다. 여성 문제의 중심에는 경제적인 독립과 지식의 계발이라는 측면이 있는데 고학력을 가졌다고 하더라도 실제 사회에 나가서는 여성이 학문적인 지식을 활용하기가 어렵다. 그런데 전문 지식을 갖춘다면 경제적으로 독립하기 쉬운 것이 의학이며 조선에서는 여성이 경제적 · 사회적으로 독립할 수 있는 것이 의사라는 직업이다. 여성의 해방과 여성의 독립은 반드시 경제적인 독립이 기반이 되어야만 하는데 의학 전문 지식을 갖춘다면 그것의 실현 가능성이 높다고 보았다.

---

24 현덕신, 「朝鮮에 女病院이 必要ᄒᆞᆫ 理由」, 『기독신보』, 1926. 12. 1.

그리고 "부인병원을 경영ᄒᆞ고 의학을 배ᄒᆞᆫ 조선여자가 그 재능을 발휘ᄒᆞᆯ 수 잇게 기회를 지어주는 것으로 말ᄒᆞ면 얼마나 위대ᄒᆞᆫ가./실제에 잇서셔 부인병원을 경영ᄒᆞᆷ로 인ᄒᆞ여 죠션부녀가 밧는 힝복과 그 은혜로 싱기는 감격으로 말ᄒᆞ면 경성 동대문 부인병원갓흔 곳에셔 일년간ᄒᆞ여 나온 사업의 통계에셔만 빗최여보아도 능히 이것을 간파할 수가 잇슬 것이다."[25]고 실증적인 예를 들었다.

동대문부인병원이 조선의 풍속과 관습으로부터 자유롭게 여성들의 생명과 건강 지킴이로서 역할을 잘 해왔는지를 증명하고 있

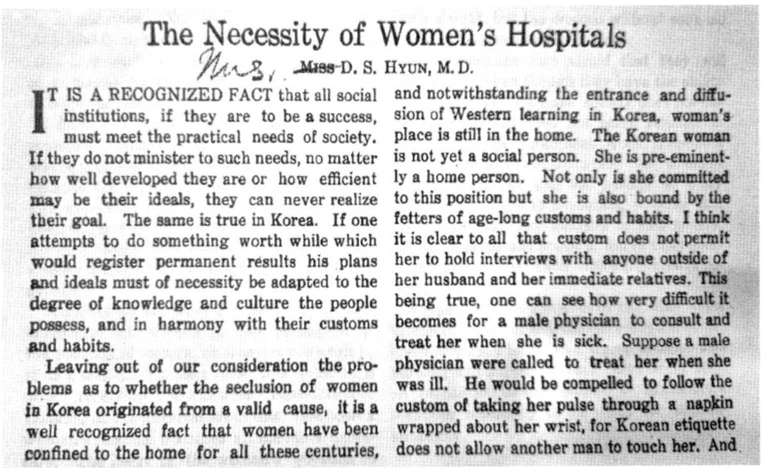

The Necessity of Women's Hospitals

Mrs. ~~MISS~~ D. S. HYUN, M. D.

IT IS A RECOGNIZED FACT that all social institutions, if they are to be a success, must meet the practical needs of society. If they do not minister to such needs, no matter how well developed they are or how efficient may be their ideals, they can never realize their goal. The same is true in Korea. If one attempts to do something worth while which would register permanent results his plans and ideals must of necessity be adapted to the degree of knowledge and culture the people possess, and in harmony with their customs and habits.

Leaving out of our consideration the problems as to whether the seclusion of women in Korea originated from a valid cause, it is a well recognized fact that women have been confined to the home for all these centuries, and notwithstanding the entrance and diffusion of Western learning in Korea, woman's place is still in the home. The Korean woman is not yet a social person. She is pre-eminently a home person. Not only is she committed to this position but she is also bound by the fetters of age-long customs and habits. I think it is clear to all that custom does not permit her to hold interviews with anyone outside of her husband and her immediate relatives. This being true, one can see how very difficult it becomes for a male physician to consult and treat her when she is sick. Suppose a male physician were called to treat her when she was ill. He would be compelled to follow the custom of taking her pulse through a napkin wrapped about her wrist, for Korean etiquette does not allow another man to touch her. And

• 「The Necessity Of Women's Hospitals」[26]

25 현덕신, 「朝鮮에 女病院이 必要ᄒᆞᆫ 理由」, 『기독신보』, 1926. 12. 1.

26 Mrs. D. S. Hyun, M. D. 「The Necessity Of Women's Hospitals」, 『The Korea Mission Field』, 1927. 2.

고, 여성 해방과 여성의 지위 향상에도 기여하고 있다는 점을 강조한 것이다. 그는 이후에도 『The Korea Mission Field』에 「The Necessity Of Women's Hospitals」라는 영문의 글을 발표하여 여성병원의 필요성을 미감리교단을 비롯한 여러 선교단체에 어필했다.

그런데 동대문부인병원이 존폐 문제로 혼란스러웠던 상황이 수습되고 얼마 지나지 않아서 동대문부인병원에 문제가 발생했다. 간호 선교를 하고 있었던 라저서가 간호원양성소 학생에게 가혹행위를 해서 학생이 자살하는 사건이 발생하여 사회적인 문제가 되었다. 간호원양성소 재학생들을 민족적 모욕이라고 3일간의 동맹휴업를 단행하고 라저서 선교사의 사임을 촉구했다.[27] 라저서는 무기 휴직의 징계를 받았지만 며칠 지나지 않아 이사회가 휴직 해제를 결정하고 업무에 복귀시키자 보복성 수업 일수와 근무 일수를 추가하는 일이 벌어졌다.[28] 이에 "기만적인 수단과 비의행위에 간호원과 의사 및 학생일동이 분개"하고 현덕신을 비롯하여 안수경, 유영준, 김순복이 앞장서서 문제 해결에 나섰다. 이사회가 묵묵부답으로 일관하자 현덕신을 비롯한 의사들은 분개하여 "조선인을 끝없이 모욕하며 멸시하는 서양인 선교사들의 태도에 대하야 최후

27 『조선일보』, 1926. 1. 30.

28 『조선일보』, 1926. 3. 9.

까지 그 반성을 일으키기로 결의"[29]하고 엡웟청년회에서는 진단조사단을 꾸리는 등 적극적인 대응방안을 고심했다.[30] 사회적인 파장이 커지자 결국 라저서 선교사가 사직했지만 현덕신은 조선 여성을 무시하는 행위가 자행되는 것에 대하여 적극적으로 대항했다.

그는 다른 한편으로 빈민의 생명을 구하기 위해서는 위생에 관련된 의료기관은 국가에서 경영하여 영리를 취하지 말고 국민의 생명을 위하는 기관으로 만들어야 한다고 주장했다. 뿐만 아니라 돈이 있는 사람도 국민이요 돈이 없는 사람도 국민이니 귀중한 생명을 서로 아껴주는 평등한 권리로 병을 치료받도록 해야 한다는 의료 복지 정책을 요구했다.[31] 그는 빈부와 상관없이 치료할 수 있는 공공의료 복지를 선구적으로 주장한 진정한 의사였다.

---

29 『조선일보』, 1926. 3. 10.

30 『조선일보』, 1926. 3. 8.

31 「빈부와 의료기관」, 『동아일보』, 1926. 1. 6.

로제타 홀의 총애를 받다

로제타 홀은 헌신과 노력으로 조선의 여의사 양성에 결정적인 역할을 했다. 온갖 어려움을 무릅쓰고 피땀 어린 의료 선교에 나섰던 그의 뜻이 헛되지 않았다는 것은 회갑 잔치를 통해서 드러난다. 로제타 홀의 회갑 잔치는 1926년 10월 26일에 서울의 명월관에서 열렸다. 로제타 홀의 회갑 잔치는 33인의 준비위원회에서 계획하고 실행한 것이다.

> 우리 조선에서 여자계의 조선사업과 의학계에 다대한 공헌이 있는 시내 동대문부인병원장 홀의사는 금년이 재근 30주년이고 결하여 갑년(회갑)인고로 경성 각 교회와 사회, 학교, 관청, 신문사, 여러 단체에서는 연합하여 씨를 대대적으로 축하하기 위하여 지난 22일 하오 5시에 축하회를 명월관에서 개최하였는데 당일 참석한 남녀는 무려 백여명에 달하였으며 박희도씨의 사회로 홍종숙 목사의 기도와 김순복양의 역사 낭독과 류영준, 이상재, 윤치호, 이진호, 안재홍 제씨의 축사가 차례로 잇은 후 현덕신 의사가 일동을 대표하여 은제화병을 기념품으로 진정하니 (평양에서도 내빈과 증물이 있었음) 이에 홀씨는 일어서 두손을 읍하여 밧고 회중을 향하여 감개무량한 답사를 발하매 두 눈에는 빗방울같은 눈물이 줄줄이 흐르더라.[32]

로제타 홀의 헌신과 노력은 조선의 여성들이 주체적인 삶을 살 수 있도록 길잡이가 되었다. 덕분에 여성 의사들이 탄생하게 된 만큼 로제타 홀의 회갑을 성대하게 치르는 것으로 감사의 마음을 대신했다. 회갑 잔치의 축하객은 100여 명에 이르렀고 그들을 대표하여 현덕신이 '은제화병'을 회갑 선물로 증정했다. 현덕신의 로제타 홀을 향한, 로제타 홀의 현덕신을 향한 사랑이 엿보이는 장면이다.

로제타 홀은 현덕신이 증정하는 '은제화병'을 '일어서 두손'으로 받고 회갑연에 참석한 모든 사람들을 향하여 '감개무량한 답사'를 하면서 '빗방울 같은 눈물'을 흘렸다. 조선에서 남편과 딸을 하늘나라로 먼저 보낸 것도 모자라서 가난한 이들을 위해 병원을 세워 생명을 살리는 일에 전념했고, 여성 의료인을 양성하는 데 열과 성을 다했던 지난날이 주마등처럼 펼쳐졌을 것이다.

로제타 홀의 회갑연 장면은 로제타 홀의 며느리인 닥터 메리안 홀이 보낸 통신에 자세하게 서술되어 있다. 일부를 인용하면 다음과 같다.

> 병원의 한 여의사 남편이 지은 시에 곡을 붙여 잔치날 병원직원들이 합창을 불렀다.

32 「홀의사의 30년 재근축하」, 『기독신보』, 1926. 10. 27.

산중 깊은 곳에 금은이 숨겨져 있네.
진주는 깊은 바다 밑에 놓여 있지만
하나님의 은혜로 하여 닥터 홀은 우리에게 보내졌네.
60년간의 노고와 눈물은 끊임이 없었네.
서슴지 않고 바친 그의 생애는 진정 기억되리.

마지막 축사가 끝나자 여의사 한 사람이 밝은 분홍색 리본으로 장식한 상자를 조선인들을 대표해 닥터 홀에게 증정했다. 은으로 만든 아름다운 꽃병이었다. 조선의 장인이 만든 미술작품은 75달러나 되는데 많은 축하객들이 있는 자리에서 발표되었다. 한글로 감사의 문귀가 새겨져 있었고 그림은 중국 고대의 무늬로 새겨져 있었다.

닥터 로제타 홀은 많은 사람들의 축사에 대한 답사를 했다.

식이 끝난 다음 하객들이 테이블 위에 쌓인 선물을 구경하러 모였다. 은과 동으로 만든 장식품들, 실크로 만든 조선옷들, 수놓은 병풍, 수가 놓인 여러 수예품들이었다. 이날 닥터 로제타 홀은 실크로 만든 한복을 입고 있었다. 이 옷은 한 맹인 부인이 손수 만들어 선물한 것으로 그녀는 맹인학교에서 배운 기술로 번 품삯을 모아 그 옷을 만들어 보냈던 것이다.[33]

33 셔우드 홀, 「The Liberty Gazette」, 『닥터 홀의 조선회상』, 좋은씨앗, 2003, 378~379쪽.

• 로제타 홀 회갑 기념 사진 (1926. 10. 22.)[34]

로제타 홀의 회갑 잔치를 위해 '병원의 한 여의사 남편'이 쓴 시는 현덕신의 남편 최원순이 쓴 것으로 추정된다. 현덕신이 동대문부인병원의 의사였고 최원순은 동아일보 기자로 글 쓰는 일을 하고 있었기 때문이다. 노래와 축사가 끝나자 현덕신은 '밝은 분홍색 리본으로 장식한 상자를 조선인들을 대표'하여 로제타 홀에게 증정했다. '은으로 만든 아름다운 꽃병'이었다. '조선의 장인이 만든 미술작품은 75달러'나 되는 것이었고, '많은 축하객들이 있는 자리'에서 선물을 풀어 보였는데 '한글로 감사의 문귀가 새겨져 있'고 '그림'도 있는 화병이었다.

---

34 『기독신보』, 1926. 12. 8.

현덕신은 로제타 홀과는 사제 관계를 떠나 인간적으로 가까운 사이였고 아끼고 존중하는 애정 어린 관계를 지속했다. 현덕신이 환자를 돌보는 정성은 로제타 홀이 조선 여성을 위해 헌신하고 희생하는 모습을 통해 배운 것이다.

환자를 구하는 단발을 하다

현덕신은 여자 의사로서 여성을 치료하는 것만이 아니라 여자 기독교청년회와 정신여학교 교사로 여성 교육과 여성의 지위 및 인권 향상을 위해서 시간을 아껴가면서 쪼개 쓰고 있었다. 그러던 어느 날 조선 사회가 그에게 관심을 갖는 사건이 발생했다. 신학문과 신문명이 들어와 있다고 해도 고유한 문화와 생활양식이 단시간에 변화하지는 않는다. 그런데 조선의 문화와 생활양식을 한순간에 바꿔버린 사건이 발생한 것이다. 현덕신이 조금이라도 더 시간을 아끼기 위해 전통적으로 조선 여인의 상징 같았던 긴 머리채를 가위로 싹뚝 잘라버린 것이다. 그가 땋아 올리거나 비녀를 꽂았던 긴 머리카락을 손질하는 데 걸리는 시간을 아껴서 환자를 보살피는 데 쓰기 위한 결단이었다. 일본 유학을 떠날 때는 잠깐의 망설임이라도 있었지만 단발을 결정하고 자르는 데는 잠깐의 망설임도 없었다. 그에게 시간은 무엇과도 바꿀 수 없는 생명과 직결되는 문제였기 때문이다. 그의 단발이 불러온 사회적 관심과 파장은 신문지면을 장식할 만큼 큰 것이었다. 『조선일보』는 다음과 같이 보도했다.

> 일즉이 동경녀자의학 전문학교를 졸업하고 현재 시내 동대문 부인병원에서 산부과를 마터보는 현덕신(玄德信)씨는 조선녀류 의

학계에 자못 명성이 자자한 의사인데 7월 1일 5시(본월 일일 하오 오시경)에 동대문안 자택에서 단발을 하엿다.

▲씨는 동업 동아일보 긔자 최원순(崔元淳)씨의 부인으로 어린 아들을 다리고 한편으로 살림을 하여가며 직업을 붓들게 되야 일분의 여유를 엇지 못함으로 하로에 한번이나 두번 머리 빗는 시간까지라도 경제하기 위하야 여러 달 동안 벼르고 생각하여오든 머리를 마즘내 버혀바리고 말엇다는 바 녀사는 단발한 리유를 말하되『그저 실생활의 편리를 도모하고저 하는 것 뿐이올시다. 그리고 저는 직업이 직업임으로 밤에 자다가도 갑자기 왕진을 하게 되는 일이 비일비재할 뿐 아니라 급한 환자나 방금 해산하려는 산모가 잇는 때에는 일 분 일 초를 다토게 됩니다. 그럼으로 저는 무엇보다도 그런 째에 시간을 덜 들게 하자는 것이 단발한 첫 목뎍이라고 하겟고 쏘는 머리를 싹고 보매 생각하든 것보다도 더욱 가든하고 편리하외다. 그리고 본시 머리가 짤라서 달레를 듸리지 안흐면 쪽을 찔 수가 업더니 이번에는 그런 불편도 업게 되엿습니다』라고.[35]

동대문부인병원 의사로 근무하던 그가 머리카락을 1926년 7월 1일 오후 5시에 잘랐다는 시간까지 보도가 되었으니 단발이 불러

35 「이야기거리-단발의 이유」, 『조선일보』, 1926. 7. 4.

온 사회적 관심은 매우 컸던 것으로 보인다. 사회적인 관심에 아랑곳하지 않고 '실생활의 편리를 도모하고저 하는 것뿐'이고 '밤에 자다가도 갑자기 왕진을 하게 되는 일이 비일비재할 뿐 아니라 급한 환자나 방금 해산하려는 산모가 잇는 때에는 일 분 일 초를 다토게' 되는데 '그런 때에 시간을 덜 들게 하자는 것이 단발한 첫 목뎍'이라고 세상의 관심을 일축했다.

그의 단발에 조선 사회가 관심을 쏟아냈지만 정작 그는 세간의 관심에는 괘념치 않았다. '일 분의 여유'조차 갖기 어려웠던 그는 잠시의 고민을 뒤로한 채 여성에 대한 문화적인 강제성을 무시하고 '머리 빗는' 잠깐의 시간까지도 아까워서 생각만 하던 단발을 단행했기 때문이다. 의사이자 부인이자 엄마로 몸이 열 개여도 모자랄 만큼 바쁘기도 했지만 무엇보다도 '밤에 자다가도 갑자기 왕진'을 가야 하고, '급한 환자'와 '해산하려는 산모가 있을 때' '일 분 일 초'라도 아껴서 한 명의 환자라도 더 돌보기 위해서 그가 내린 특단의 조치였다.

당시 여성이라는 존재의 상징과 같았던 긴 머리카락을 자른 것은 의사 현덕신의 정체성을 확실하게 보여준 일이었다. 현덕신의 단발에 조선 사회는 문화적인 충격을 받았고 단발에 대한 관심이 지속되었다.

그는 『별건곤』이라는 잡지의 「인습타파 신생활창조의 제일보, 내가 새로 실행하는 일」이라는 질문에 대해서도 다음과 같이 답변했다.

나는 처음부터 단발한 것이 무슨 미(美)를 취하랴 그럼도 아니요 무슨 주의로 그런 것도 아니며 류행을 따르랴고 그런것도 아니요 단순히 시간경제로 보아서 깍근 것이기 때문에 다시 길니랴는 생각도 업습니다. 그런데 세수하는 데라던지 머리 빗는 데라던지 기타 외출할 때에도 여간 편리한 것이 아닙니다. 그러고 저고리 뒤가 검어지지 아니하니 보기에도 츄하지 아니하고 겨울 가튼 때는 모자를 쓰니까 문뎨가 업지만 봄이 되야 바람이나 심하고 모자를 안 쓴다면 바람에 머리털이 날려서 다소 불편한 점이 잇슬넌지는 모르겟습니다. 그러나 하여간 녀자들로서 매일 머리를 빗는다는 것은 시간과 로동의 능률(能率)로 보아서 퍽이나 불경제인데 고시간만 절약해 가지고 다른 방면에 잘 리용한다면 매우 유익한 일을 할 수도 잇스리라고 생각합니다.[36]

질문에 대한 답변도 간단 명료했다. '단순히 시간 경제로 보아서 깎은 것인데 세수할 때, 머리 빗을 때, 외출할 때에도 편리하다. 매일 머리를 빗는다는 것은 시간과 노동의 능률로 봐서도 비경제적이다. 그 시간만 절약해도 다른 방면에 잘 이용할 수 있다. 아름답게 보이기 위해서 머리를 자른 것이 아니다.'라고 세간의 관심을 일축해버렸다.

36 현덕신, 「끗까지 단발, 동대문부인병원」, 『별건곤』 4호, 1927. 2. 1.

성교육의 필요성을 주장하다

현덕신은 무엇보다도 선구적으로 여성들에게 성교육이 필요하다고 주장한 유일한 존재였다. '성교육 가부 문제-비판과 대책'[37]을 논하는 자리에서 펼친 주장은 다음과 같다.

> 재래의 여자 사회에서는 성(性)에 대한 이약이만 하야도 죄악으로 생각했습니다. 성은 본능인 동시에 인생 생활의 전반은 성적(性的) 생활(生活)이 점령하얏다고 할 수 잇는 줄압니다.
>
> 위생상(衛生上)으로 보든지 도덕상(道德上)으로 보든지 여자가 춘긔발동긔(春機發動機)가 시작될 때부터는 반듯이 성교육(性教育)이 필요한줄로 생각합니다. 그 리유는 대개 이러한 줄로 생각합니다.
>
> (1) 성교(性交)로부터 오는 병 즉 화류병, 부인병, 신경 속약증 등 우리나라에서 흔히 하는 말로 보족증(不足症)이라고 하는 것도 성의 과로(過勞)의 원인이 만흔 까닭이요.
>
> (2) 세상 사람은 다 선인(善人)이 아닌 고로 성의 숙달(熟達)한 남자가 순결하고 단순한 성에 숙련(熟練)되지 못한 여자를 유인(誘引)할 때에는 생각밧게 유혹을 밧게 되는 일이 잇는 까닭이요 성

37 현덕신, 「다섯가지 리유에서 성교육의 절대 필요」, 『중외일보』, 1927. 1. 11.

(性)의 심리를 안다하드래도 유혹 밧기가 쉬운 것이니까 성의 심리를 대강 한번 가르치는 것이 무엇보다도 필요할 줄로 압니다.

(3) 또는 성(性)의 심리는 열중(熱中)하기가 쉬운 고로 다른 여러 가지를 생각할 여디가 업시 맹목뎍으로 전부 정신이 빼앗기기 쉬운 까닭이요.

(4) 변태성욕(變態性慾) 이것은 성(性)의 실미를 리해하지 못하는 사람들에게 생기는 현상, 로골뎍으로 말하자면 수음(手淫)이나 강간(强姦)가튼 것을 하게 되는 까닭이요.

(5) 련애(戀愛)란 실패하기 쉬운 일인 까닭으로 다시말하면 남녀의 관계란 류동성(流動性)을 가진 것인고로 미리미리 이에 대한 참고가 필요한 것이올시다.

이상 여러 가지 뎜으로 보아서 녀학생들에게 성교육을 하는 것이 필요하다고 생각합니다. 어썬째가 가장 리상뎍이냐 하면 고등녀학교 이삼학년경이 가장 뎍당한 시긔인 줄로 밋습니다.

그가 성교육이 필요한 다섯 가지 이유를 들어 설명하고 있는데 특히 '여자 사회에서는 性(성)에 대한 이약이만 하야도 죄악'으로 여겼던 문제를 공론화한 것이다. 위생적으로나 도덕적으로도 여성들이 생리를 시작하는 사춘기 때부터 성교육이 필요하다는 것을 전제로 삼고 성교육의 필요성을 논하고 있다. 첫째가 성교로부터 발생하는 병을 예방하고, 둘째는 성의 유혹을 차단하고, 셋째 육체적 욕망에 사로잡히지 않게 하고, 넷째 변태성욕 등 비정상적인 성 관계를 예방하고, 다섯째 남녀관계 정리를 위해서 여학생들에게는 성교육이 필요하다는 주장이다. 당시 토론에 참여했던 다른 인사들은 성교육의 필요성에 공감하지 않았으니 현덕신의 주장은 대단히 혁신적이었다.

그에게는 수시로 위생적인 생활과 건강에 관한 기자들의 질문이 이어졌다. 「우리가정 생활에 위생상식이 필요(대담)」에는 다음과 같이 답했다.

> 우리나라가 정성활임닛가? 지금까지 우리는 그럿치 못하얏지만은 살님사리를 꼭 規則的(규칙적)으로 믜일 정해둔 시간에 이러나셔 소제하고 씻고 먹고 일해야지요. 그 다음에 우리나라 부인들은 더욱이 경제를 잘해야 하겟는대 일반의 經濟的(경제적) 관념이 더 밝아진 뒤가 아니면 엇더타 시비를 말하기가 좀 곤난함니다. 그 다음에 말할 것은 우리나라 부인은 衛生(위생) 方面(방면)에 심히 어두운 것인대 첫재 전염병의 두려운 것을 모르고 쓰감긔가 두려운 병의 원인을 짓는 줄을 모름니다. 그래서 내 아해가 홍역을 하던지 남의 아해가 열병을 알턴지 관게치 안코 서로 통이함니다. 그런고로 우리나라의 한 두 살 된 소아의 死亡率(사망률)이 제일 만타고 합데다.[38]

가정생활에 있어서 중요한 것은 정해진 시간에 일어나서 청소하고 씻고 먹는 규칙적인 생활이라고 설명했다. 그리고 위생적인 생활을 주문했다. 전염병인 감기, 홍역, 열병을 앓을 때는 왕래를 하지 않아야 전염을 막을 수 있고, 특히 어린이의 사망률을 줄일 수 있다고 설명했다. 위생적인 생활을 해야 여러 질병과 전염병을 막을 수 있다는 말이겠다.

38 「무엇부터 곳칠가(1), 우리가정 생활에 위생상식이 필요(대담)」, 『매일신보』, 1926. 12. 8.

여성독립운동단체 근우회를 창립 발기하다

1927년 2월 13일에는 이역만리 동경에서 생사고락을 함께했던 유학생들이 한자리에 모여서 안부와 근황을 나누기도 하면서 동경에서 유학했던 여학생들의 친목 모임인 일본여자유학생친목회를 조직했다.[39] 동경여자유학생친목회 회원으로 유영준, 정자영, 현덕신, 최덕상, 허영숙, 진숙봉, 길먹석, 황신덕, 이현경, 황귀경, 박흥순, 김명순이었다. 그리고 장차 더 확장하여 미국이나 중국에 유학한 학생들과도 결합하여 외국유학생회를 개최하기로 결의하고 기관지 발행과 사회운동 등 부인운동을 개시하기 위해 정자영과 진숙봉을 실행위원으로 선임했다.[40] 그리고 "시급한 조선녀자 사회를 위하야 다소라도 공헌하여야 하겠다"는 의견의 일치를 통해서 유학생회를 조직하기로 발의하고 그 준비위원으로 현덕신, 유영준, 이현경, 황신덕을 선임했다.[41]

여자유학생친목회는 이후에 미국, 중국, 러시아, 유럽 각국에서 공부하고 돌아온 여성들인 현덕신, 유영준, 이현경, 김활란, 황신덕을 준비위원으로 하여 1927년 4월 16일 조선일보사에서 간담회를 열었다.[42] 이 자리에서 각 방면에서 활동하고 있던 여성들이

39 『조선일보』, 1927. 2. 15.

40 『매일신보』, 1927. 2. 15.

41 『중외일보』, 1927. 2. 15.

"흉금을 털어노고 싸히엇든 회포를 말함에는 이구동성으로 조선 여성 해방을 위한 중요한 단결의 부르지즘"[43]으로 사회주의나 민족주의나 의사나 교원이나 가정부인이나 회사원을 망라하여 전국적인 여성운동으로 진력하기로 했다. 그리고 가칭으로 '근우회'라 이름한 뒤에 인사동의 중앙유치원에서 발기인 총회를 열기로 했다.[44] 이것으로 미루어 동경여자유학생친목회는 사실상 근우회 결성의 준비 모임의 성격을 갖고 있었다.

일본에서 유학하던 중에도 일본의 심장부를 강타했던 그는 귀

• 여자유학생친목회 장면 (국일관, 1927. 2. 13.)[45]

42 『중외일보』, 1927. 4. 14.

43 『중외일보』, 1927. 4. 27.

44 『중외일보』, 1927. 4. 27.

45 『중외일보』, 1927. 2. 15.

국해서도 독립운동을 멈추지 않았고 기독교를 중심으로 하는 민족주의 계열 여성들과 사회주의 계열 여성들이 통일전선을 구축한 여성독립운동 단체 근우회 창립에도 함께했다. 그는 조선 여성은 경제적으로 사회적으로 정치적으로 인간적 지위에 있지 못했고 가정에서도 세상과는 벽을 쌓고 살아왔으니 여성의 지위 향상과 단결을 하기로 약정한 근우회 발기인으로서 “여성의 지위 향상과 단결을 목적”으로 하는 “조선여성운동전선의 총체적 사명을 다한다”는 포부로 근우회 창립 준비에 들어갔다.[46]

근우회 발기 총회에서 현덕신은 김활란, 류영준, 김선, 황신덕, 이덕요, 차사백, 김순영, 최은희, 방신영, 박원희, 유각경, 금순복, 박경식, 이현경 등과 함께 창립 준비위원으로 선정되었다. 현덕신은 근우회 제1회 창립 준비위원회 위원으로 정칠성, 김활란, 황신덕, 이현경 등과 함께 회원 모집을 담당하고,[47] “조선 여성운동 전선의 총체적 사명을 다한다”는 포부로 창립 준비에 나섰다. 그에 따라 1927년 5월 27일 기독교청년회관에 200여 명의 회원이 참가한 가운데 ‘근우회’ 창립 총회가 열렸다. 회장 김활란, 부회장 유각경, 서기 류영준, 최은희, 차사백, 사찰 이덕요, 주세죽, 현덕신, 강정희, 임순분이 임시 집행위원으로 선출되었다.[48]

---

46 『동아일보』, 1927. 4. 28.

47 『동아일보』, 1927. 4. 28.

48 『동아일보』, 1927. 5. 29.

女性運動을目的하는
槿友會를發起
各階級을網羅한것이번이嚆矢
發起總會는二十六日

이십륙일 오후칠시반부터 시내인사동 중앙유치원안에서 근우회(槿友會)발긔총회를열게되엿다는데 그는 지난십륙일밤조선일보사 이층에서 열린녀자외국류학생친목회(女子外國留學生親睦會)에서 밤깁도록 서로 흉금을 헤치고 간담을토하는사이에 화뎨가어느듯 지금까지의 조선녀성운동이 극히침톄한 중에잇슴을 크게탄식하는데로 돌아가게되어 이야기가점점 구톄화하여짐을 딸아 즉석에서마츰내 조선안에잇는 지식계급녀자를망라하야 조선녀자의 공고한 단결과 조선녀자의디위 향상을 도모할회를 조직하자는 결의가 잇섯고이에 대한준비를하기위하야 권형위원으로 유각경박원희 황신덕김활란 최은희오인이 피선되어 류영준현덕신김순영 리덕요 차사백손뎡규황신덕 박경식 박원희 김활란리현경유각경 최은희십삼인을 준비위원으로선뎡하게되엇다하며 그동안 준비위원제씨의맹렬한활동으로 인하야 림시로회명을 근우회라 칭하고 삼십구인의 발긔인을모집한후 죵의가잇슨지 십여일이되는이십륙일로써드듸어발긔총회를 열게되엇다 더라

發起人氏名（가나다順）

• 근우회 발기[49]

임시집행위원들은 8개의 의안을 채택하고 「취지서」, ‘2대 강령’, 「규약 및 선언」 등을 결정한 뒤 4월 16일을 ‘여자의 날’로 정했다. 그 자리에서 현덕신은 근우회 중앙집행위원으로 선출되었는데 중앙집행위원의 명단은 다음과 같다.

서무부: 박경식(상무), 조원숙(상무), 차사백

재무부: 김선(상무), 우봉운, 최은희, 방신영

선전조직부: 박신우(상무), 유각경, 정칠성, 정종명

49 『조선일보』, 1927. 4. 27.

會衆千名의盛況

槿友會創立完了

녀성해방을목표로각계급을망라하야

이십칠일밤에성대히창립총회를마처

◇二大綱領과九個議案可決

• 근우회 창립 총회 광경[50]

교양부: 황신덕(상무), 김동준, 김영순, 박원희

조사부: 김활란(상무), 홍애시덕, 이현경

정치연구부: 유영준(상무), 이덕요, 현덕신[51]

여기에서 확인할 수 있듯이 한국 여성운동에 씨앗을 뿌렸던 여성운동가들이 모두 근우회의 임원이었다. 그는 이들과 함께 시대정신으로 여성운동을 전개하는 체계적인 조직을 꾸려 여성의 정치적 각성과 의식 수준을 높이는 일에 앞장섰다. 또한 정치연구부 중앙 집행위원으로 피선되어 5월 29일 제1회 신임 집행위원회를 열고 '근우회' 발회식 준비 작업에 착수했고 6월 17일 중앙기독교청

50 『조선일보』, 1927. 5. 29.

51 『동아일보』, 1927. 5. 29.

년회관에서 발회식을 거행했다.[52]

이렇듯 현덕신은 본격적인 여성운동의 출발점인 근우회 창립을 주도한 핵심에 있었다. 「근우회 창립취지문」을 보면 당시 여성운동가들의 진취적이고 주체적이었던 모습을 볼 수 있다.

> 인류사회는 만흔 불합리를 산생하는 동시에 그 해결을 우리에게 요구하야 마지아니한다. 여성문제는 그 중의 하나이다. 세계는 이 요구에 응하야 분연하게 활동하고 잇다.
>
> 세계자매는 수천년래의 악몽으로부터 깨여서 우리의 생활도정에 횡재하야 잇는 모든 질곡을 분쇄하기 위하야 분투하야 온지 이미 오래이다. 조선자매만이 어찌 홀로 이 역사적 세계적 XX에서 낙오될 리가 잇스랴 우리사회에서도 여성운동이 전개된 것은 또한 이미 오래이다. 그러나 회고하야보면 과거의 조선여성운동은 분산되어 잇섯다. 통일된 목표와 지도정신도 업엇다. 고로 그 운동은 효과를 충분히 내지 못하얏다.
>
> 우리의 운동상 실천으로부터 배운 것이 잇스니 우리가 실지로 우리 자체를 위하야 우리 사회를 위하여 분투하랴면 우선 조선자매 전체의 역량을 견고히 단결하야 운동을 전반적으로 전개하지 아니하면 아니 된다.

52 『동아일보』, 1927. 6. 19.

닐어나라! 오느라!

단결하자! 분투하자!

조선자매들아 미래는 우리의 것이다

<강령>

조선여자의 견고한 단결을 도모

조선여자의 지위향상을 도모함[53]

근우회가 어떤 성격을 지닌 단체였는지를 보여주는 「근우회 창립취지문」은 세계에서 여성운동이 활발하게 전개되고 있는 것처럼 조선의 여성운동도 역동적이어야 한다는 것을 드러냈다. 그리고 조선 여성의 '단결'과 조선 여성의 '지위 향상'을 위한다는 강령을 제시했다. 근우회는 조선 여성운동의 단일조직체로 '애국부인회'와 '조선여성동우회'를 잇고, '경성여자청년동맹'과 '경성여자청년회'의 대립을 해소하는, '정파'와 '노선'을 뛰어넘는 "각 방면 여성의 협동 전선"으로 여성의 지위 향상을 위하여 노력했다. 그래서 "우리는 앞길이 여하히 험악할지라도 우리는 이천만 자매의 힘으로써 우리의 역사적 책무를 수행"할 것이며 "여성 스스로 해방하는 날 세계가 해방될 것"이니 "조선자매들아 단결하자"[54]고 호소했다.

53 『동아일보』, 1928. 1. 6.

54 『동아일보』, 1928. 1. 6.

근우회에서 현덕신의 대표적인 활동은 숙명여자고등보통학교 맹휴 사건에 대한 진상 조사를 하고 그것을 지원한 것이다. 1927년 5월 27일 숙명여자고등보통학교에서 일제의 식민 여성 교육에 분노하여 '중도 사감을 면직시킬 것, 제갈 교무주임을 사퇴시킬 것, 학생에 대한 대우를 개선할 것, 재봉선생을 조선인으로 교체할 것, 조선인 교원 채용을 증가할 것, 인격 있는 교원의 대우를 개선할 것' 등을 요구하고 동맹휴학을 했는데[55] 이 문제를 해결하기 위해 '근우회'에서는 조사위원으로 현덕신과 황신덕, 김선을 파견하여 조사에 나섰다.[56] 조사한 내용을 토대로 '근우회' 정기 집행위원회에서는 대안을 모색했지만 일경의 제지로 무산되고 말았다.[57] 하지만 근우회는 1929년 1월 제2차 근우대회를 열고 활동의 방향을 논의하면서 새로 중앙집행위원을 선출하여 변화를 모색했는데 그 자리에서도 현덕신은 중앙집행위원으로 선출되었다.[58]

현덕신은 광주로 이주한 뒤에도 근우회 활동을 멈추지 않았다. 그는 근우회 광주지회를 설립하기 위해 노력했고 1929년 5월 29일 오후 9시 흥학관에서 부녀 45명이 참여한 가운데 근우회 광주지회를 창립하고 총회[59]를 열었다. 근우회 광주지회의 설립은 광주

---

55 『동아일보』, 1927. 5. 27.

56 『동아일보』, 1927. 6. 12.

57 『동아일보』, 1927. 5. 27.

58 『동아일보』, 1929. 7. 31.

59 『동아일보』, 1929. 6. 16.

여성과 광주 사회를 위한 첫 결실이었다. 그러나 근우회는 1931년 6월 26일과 27일에 개최할 예정이었던 제4회 전국대회가 7월 4일로 연기되고 이후 몇 차례 대회 소집에 실패함으로써 해체되고 말았다.[60]

그럼에도 불구하고 '근우회'는 일제 식민 치하에서 조선의 여성 문제를 해결하기 위하여 최초로 행동 강령을 제시했고, 여성운동의 대중화에 성공한, 이념적으로나 실천적으로나 우리나라 여성운동의 모범이 되는 여성운동의 한 전형을 제시[61]했다는 역사성을 간직하고 있다. 그 핵심에 조선의 여성을 위한 삶을 살고자 했던 현덕신이 있었다. 현덕신은 일본 유학을 떠날 때부터 조선 여성을 위한 삶을 다짐했고 그것을 실천으로 옮겼다.

---

60 『한민족독립운동사』 9권, 국사편찬위원회.

61 『한민족독립운동사』 9권, 국사편찬위원회.

4장

광주의 여성과 어린이를 보듬다

광주 최초의 여의사가 되다

동대문부인병원에서 진료하고 치료한 5년의 시간은 현덕신에게 어느 곳으로 가든지 큰 실수 없이 진료할 수 있겠다는 자신감을 심어주었다. 일본 유학 중에 '2·8독립선언'에 참여하면서 알게 된 광주 출신의 『동아일보』 정치부장이었던 최원순과 1923년 6월 16일 종로 중앙예배당에서 결혼하여 평등한 부부로, 독립운동을 하는 동지로 서로를 존중하는 이상적인 생활을 시작했다. 남편 최원순은 일본 와세다대학교 재학 중에 2·8독립선언에 참여한 뒤 1920년부터 1922년가지 학우회 전국순회강연단으로 조선 청년을 계몽하고 독립의 필요성을 역설했던 강골의 지식인이었다. 뿐만 아니라 동아일보에 '총독정치는 악당정치'라는 글을 써서 투옥되기도 했고 1927년 신간회 창립 발기인이자 창립 회원으로 활동했다. 현덕신은 동아일보 편집국장 대리로 재직하던 최원순의 건강이 악화되자 남편의 고향인 광주로 이주했다. 1927년 10월 광주군 수기옥정 350번지에 "경성에서 총독부병원과 동대문부인병원에서 근무하면서 연구에 연구를 쌓아오던 중 광주지방 인사들의 열열한

• **광주 현덕신병원 앞에서 (1928년경)** 앞줄 오른쪽에 현덕신과 아들 상옥이 있다

요청을 차마 저버리지 못하야 조선 여성계에 선각자이니 만큼 광주사회에 많은 희망과 기대를 가지고"[1] 현덕신병원을 개원하고 광주에 정착했다.

현덕신은 오로지 남편 최원순의 건강이 회복되기만을 간절히 바라는 마음 하나로 모든 것이 낯설기만 한 남편의 고향 광주로 내려왔다. 바다 건너 남의 땅, 그보다도 더 외롭고 쓸쓸한 곳이 광주였다. 그래도 일본 유학 시절은 희망과 꿈을 지닌 학우들이 함께하고 있었고 비밀리에 독립운동을 준비하는 반짝이는 눈망울들이 옆에

1 『동아일보』, 1927. 10. 30.

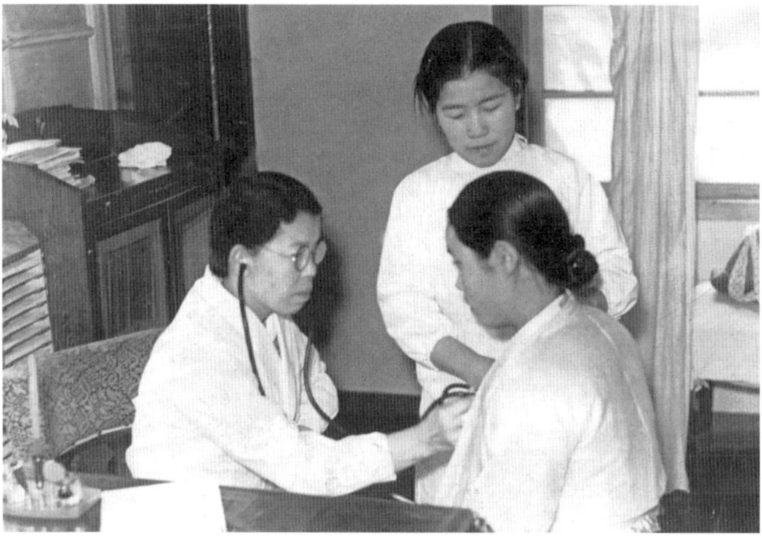

• 광주 현덕신병원에서 진료 중인 현덕신

있었기에 힘은 들어도 외롭고 쓸쓸하지는 않았다. 그러나 광주는 아는 사람 하나 없는, 도시라고는 하지만 농촌이나 다름없는 곳이었다. 게다가 단발머리를 하고 있었기에 호기심으로 가득한 관심은 부담스럽기까지 했다.

그러나 현덕신은 마음을 굳게 먹고 이것도 다 이겨낼 수 있다는 믿음으로 병원을 열고 광주의 여성들과 어린이들을 위한 인술을 펼쳐나갔다. 밤낮을 가리지 않고 환자들을 돌보는 데 지극정성을 다했다. 그러면서도 남편 최원순의 요양을 돕고 외아들 상옥을 책임지고 보살피는 가장으로서의 역할에도 한치의 소홀함이 없었다.

가장 아닌 가장이 되어 가정을 책임지고 일제의 압박을 견디면서도 그의 빛나는 정신은 결코 위축되지 않았다. 서울 동대문부인병원에서 근무할 때도 한 명의 환자라도 더 치료하기 위해서 긴 머리카락을 단발로 자른 그였다. 뿐만 아니라 경성여자기독교청년회를 창설하여 회장으로서 여성들을 규합하여 여러 활동을 전개했고 여성들의 독립운동단체의 임원으로 여러 문제까지 당차게 해결해나가지 않았던가. 몸이 열 개라도 부족할 정도로 역동적이었던 그였다. 그래서 여러 가지 어려움이 많았지만 주저 없이 광주 사회에도 나설 수 있었다.

그가 광주에서 환자를 살피는 것 외에 가장 먼저 한 것은 근우회 광주지회를 설립한 것이다. 서울에서 근우회를 창립한 주역이자 적극적으로 활동했던 그였기에 광주에 지회를 설립한 것은 일제로부터의 독립과 여성의 해방을 위해서는 멈출 수 없는 일이었다.

그다음으로 한 일은 광주여자기독교청년회장을 맡은 것이다. 광주여자기독교청년회는 1921년 흥학관에서 창설되었는데 초대 회장은 시인 김현승의 어머니이자 당시 금정교회 목사인 김창국 목사의 부인 양응모였다. 현덕신은 양응모의 뒤를 이어 1930년부터 1933년까지 3년 동안 광주 YWCA 회장으로 광주의 여자 기독교 청년들을 이끌었다. 그는 광주 지역 사회에서 여성들이 해야 할 일들을 적극적으로 추진했다.[2] 그런 한편으로 1931년에는 '만주 조난동포구제 광주협회'를 결성하여 김필례, 최영균, 김용환, 최현숙과 집행위원으로 피란동포구호운동을 펼치기도 하고 경성양로원에 기부금을 보내기도 하는 등 가난하고 소외된 이들을 위해서도 애썼다.[3] 이렇게 바쁜 나날들 속에서도 서울에서 광주로 내려오는 민족운동가들을 맞이하는 일에도 분주했다.

2 광주YWCA70년사 편찬위원회, 『광주YWCA 70년사』, 광주YWCA, 1992.

3 『매일신보』, 1931. 12. 17.

남편 최원순과 쓸쓸히 이별하다

남편 최원순은 요양 중이면서도 흔들림 없이 '질적, 자력적, 강골적, 투사적 기풍'을 유지하면서 지역 사회 문제를 해결하는 데 앞장서고 있었다. 총독부가 광주천 주변의 공유지에 살고 있던 가난한 사람들을 쫓아내고 작은 거처마저 살 수 있는 자격을 박탈하자 그는 어려움에 처한 사람들을 구하기 위해 궁민구제연구회를 조직하여 총독부를 압박했다. 하지만 문제가 해결되지 않자 궁민구제연구회 일동이 주머니를 털어서 30여 호에게 흙집을 지어줬다. 특별강연회도 마련하여 이헌구, 김현준, 서춘을 강연자로 초청하기도 했다. 최원순은 궁민구제연구회와 계유구락부의 구심점에서 지역의 문제를 해결하고 대안을 마련하기 위해 동분서주했고, 광주 지역민들의 교양을 함양하기 위해 노력했다.

현덕신은 아픈 몸으로도 지역 사회를 위한 헌신을 멈추지 않은 최원순의 활동에 가슴을 졸이면서도 그를 위하여 온갖 정성을 기울이고 보살피는 데 최선을 다했다. 그래서 안재홍, 송진우, 김성수 등의 민족운동가들은 그의 집에서 유숙하기도 했고 함께 나랏일을 걱정하고 머리를 맞댔다. 현덕신은 이루 말할 수 없이 힘들 때도 많았으나, 그 힘들고 아픈 마음을 꺼내놓은 적이 없었다. 오로지 두 손을 모아 기도하는 것, 그 기도가 응답하기만을 바랄 뿐이었다.

그가 남편 최원순을 얼마나 사랑했는지는 다음의 글에 잘 나타나 있다.

남들은 결혼 전과 결혼 후의 인생관이 틀리느니 생각이 변하느니 하지만 나는 결혼 전이나 결혼 후나 무엇이고 별로 달라젓다는 생각이 나지 안습니다. 보통으로 녀자들이 처녀시대에는 『독신생활! 독신생활!』 하며 독신생활이 퍽 신성하고 마음에 될듯 십흐지만 차차 세상을 알게 되고 사회와 접촉케 되면 결혼안코는 안될 것을 확실히 알게 됩니다. 그와가티 나도 처녀시대에는 다소 그런 생각으로 독신생활을 찬미하고 실행하겟다고 생각도 해 보앗지만 그것은 한 공상에 지나지 못한 것이요 얼마 아니하여 자연적으로 결혼의 필요를 늣기게 되엿습니다. 그러나 결혼의 필요를 늣겻다고 보통으로 세상의 녀자들은 장래 결혼한 후에 호화로운 생활을 그리고 꿈꾸는 이가 만타고 일반의 비평까지 있지만 나는 사랑만 잇스면 리해가 자연히 생기고 리해가 잇다면 가난하고 부한 것은 결국 문제될 것도 갓지 아니하다고 생각하엿슴으로 지금도 실상은 아시는 바와 가타 가난한 신문긔자와 동거를 하지만 조금도 그런 불평은 업스며 결혼한 후로도 더욱이 사랑이 깁허지고 신뢰하는 마음이 생기여 평화로히 지나는 것을 무엇보다도 행복으로 알고 잇슴니다. 주의나 취미도 부부가 서로 꼭 갓기를 희망하는 이가 만흔 모양이나 그것도 그러케 생각지 안습니다. 나도 남편은 신문긔자, 내가 의사, 이러케 되어 잇스닛가 혹 모르는 사람은 주의나 취미상대차가 잇서서 자미스럽지 못할 것 가티 보는 이도 잇겟지만 거긔 대해서는 결코 그런 부자유스러운 생각이 업고 다만 결혼 전은 홋몸이엿스니까 어대를 가나 무엇을 하나 비교적 자유스럽던 것이 결혼을 하야 가정을 갓게 되고 더구나 아이까지 생기니까 누구가 구속하는 것이 안이라도 제절로 부자유스럽게 되엿다는 그것뿐이겟습니다. 그리고 결혼 전과 결혼 후에 남자에 대한 관념이 달르다는 이도 잇는 모양이나 나는 전후에 조금도 틀리게 보지 안습니다.[4]

독신주의자였던 현덕신의 마음을 사로잡아버린 것은 최원순의 호탕한 성격과 바른 생활이었다. 그리고 남성과 여성을 가르는 이분법적이고 가부장적인 면모라고는 하나 없는 평등정신, 현덕신을 있는 그대로 인정하고 그가 하는 일을 응원하는 최원순의 태도였다. '가난한 신문긔자와 동거를 하지만 조금도 그런 불평은 업스며 결혼한 후로도 더욱이 사랑이 깁허지고 신뢰하는 마음이 생기여 평화로히 지나는 것을 무엇보다도 행복으로 알고 잇습니다.'는 발언에 담긴 깊은 사랑과 신뢰는 그들을 더욱 단단하게 묶어주었다. 결혼 전에 꿈꾸었던 결혼생활이 결혼한 후의 실제 결혼생활과 전

4 현덕신, 「結婚하기 前과 結婚한 後, 獨身主義로부터 結婚에」, 『별건곤』 4호, 1927. 2. 1.

• 석아정에서 남편 최원순과 함께 (1933. 8. 1.)

혀 괴리됨이 없었기에 '나는 사랑만 잇스면 리해가 자연히 생기고 리해가 잇다면 가난하고 부한 것은 결국 문제될 것도 갓지 아니하다고 생각'한 그대로의 삶이 행복하기만 했다.

그는 의사로, 광주 YWCA 회장이자 민족운동가로, 아내로, 어머니로 눈코 뜰 새 없이 바쁘게 지냈고 그 사이에 낯선 타향 광주에도 정이 들었다. 좀 살만해졌다. 병원 가까이에는 금정교회도 있었고 양림동에는 선교사들이 운영하는 제중병원과 양림교회가 있었다. 양림교회는 시인 김현승의 아버지이자 전라남북도 출신 최초의 목사인 김창국 목사가 시무하고 있었다.

광주의 의료 선교사들과도 가깝게 지냈다. 그중에서 특히 유화례 선교사와 가깝게 지냈다. 유화례는 수피아여학교 교장으로 여학생들의 교육에 심혈을 기울였을 뿐만 아니라 한센인을 위한 일에도 앞장서고 있었다. 최흥종 목사가 나환우를 위하여 땅을 기증하고 포사이드 선교사가 한센병원을 세웠으나 한센인들을 수용하고 치료하기에는 역부족이었을 때도 유화례 선교사는 최흥종과 함께 나환우를 위해서 헌신과 봉사를 아끼지 않았다. 현덕신과는 여러모로 잘 통했다.

그 무렵 현덕신은 남편 최원순의 요양을 위하여 무등산 증심사 계곡에 '석아정'을 지었다. 일본 유학 시절부터 일제의 혹독한 감시와 핍박을 받으면서 발병한 폐병을 치료하기 위해서 공기 좋고 물 맑은 그곳에 요양처를 마련한 것이다. 그러나 현덕신의 지극 정성과 간절한 기도와 바람을 뒤로하고 남편 최원순은 1936년 7월 6일 현덕신과 아들 상옥을 남긴 채 세상을 뜨고 말았다. 최원순은 일본 유학 시절에 처음 만나 1919년 2·8독립운동, 1920년 히비야 공원에서 3·1만세운동을 함께하고 수많은 비밀결사, 검속과 투옥, 감시와 핍박 속에서 신간회와 근우회 활동으로 뜨거운 가슴을 맞대고 독립운동을 함께 했던 동지였다. 그런 그와 애틋하게 키웠던 사랑, 평등하고 아름다웠던 결혼생활은 허망하게 끝나고 말았다.

20대 피 끓는 동지에서 부부가 되어 당당하고 멋지게 남부럽지 않은 삶으로 조선 사회를 위해 애썼던 그 모든 순간을 버리고 떠나버린 남편 앞에서 그는 울부짖을 수밖에 없었다. 더할 나위 없이 자상했던 남편이었다. 남성으로 권위를 내세운 적이 없었고 현덕신을 존중하고 지지해주지 않은 적이 없었던 평등주의자였던 남편이 이렇게 빨리 떠날 줄은 상상도 하지 못했다. “가난한 신문긔자와 동거를 하지만 조금도 그런 불평은 업스며 결혼한 후로도 더욱이 사랑이 깁허지고 신뢰하는 마음이 생기여 평화로히 지나는 것을 무엇보다도 행복”[5]으로 여겼으나 하늘도 무심하게 최원순의 요절로 행복한 삶은 끝이 났다.

현덕신이 연애 시절보다 더 편안하고 안정적으로 꿈을 실현해 나갈 수 있었던 것은 최원순이 바른 성품과 깨어 있는 정신의 소유자였기에 가능한 것이기도 했다. 현덕신이 하는 일은 무조건 믿고 지지해줬던 남편이 그와 아들만 남긴 채 그의 곁을 떠나버렸으니 하늘이 무너지고 땅이 꺼지고 아무것도 보이지 않는 어둠, 어둠뿐이었다. 그러나 그는 아들을 둔 엄마였다. 최원순이 남겨준 사랑 아들이 있었다. 아들 상옥은 겨우 10살이었다. 그는 아들 상옥을 위해서라도 슬픔을 언제까지 옆에 두고 살 수는 없었다. 그는 넘어지면 안 되었다. 아니, 넘어질 수 없었다. 그래서 슬픔을 안으로 삭이면서 오직 환자를 보살피고 아들 상옥을 지키는 것에 집중했다.

잠시라도 슬픔이 찾아오면, 남편 최원순이 그리우면 의사가 되기로 결심했던 그 위대한 선택의 그 순간을 떠올렸다. 망망대해

5 현덕신, 「結婚하기 前과 結婚한 後, 獨身主義로부터 結婚에」, 『별건곤』 4호, 1927. 2.

• 아들 상옥을 안고

대한해협을 홀로 건너던 두려움의 순간을 떠올리면서 마음을 다잡았다. "조선 사회와 조선 여성을 위하여"라는 마음을 품고 조선을 떠났던, 그리고 그렇게 살기 위해서 몸부림쳤던 유학 생활을 떠올렸다. 그러고 나면 뜻을 함께하면서 사랑을 키웠던 최원순이 옆에 있는 것처럼 마음이 안정되곤 했다. 슬픔과 그리움을 잠시라도 잊을 수 있었고, 다시 일어설 수 있었다. 그렇게 강한 정신력으로 슬픔을 견디면서 과학지식보급회에서 주최하는 제4회 과학의 날에 지방위원으로 행사를 이끌었다.[6]

남편을 잃고 홀로 타향살이를 하는 그를 더 괴롭힌 것은 갈수록 조선을 약탈하고 수탈해가는 일제의 만행이었다. 전쟁 물자를 동원하고 강제 징병과 강제 노역을 넘어 여성들을 강제로 끌고 가는 현실이 비참했다. 공창제 폐지를 주장했던 그가 차마 바라볼 수 없는 일들이 일어나고 있었다. 그래서 급기야 기독교 계열의 학교에서는 신사참배를 거부하는 일이 발생하기 시작했다. 유일신을 숭배하는 기독교에서 신사참배를 할 수는 없었다.

6 『매일신보』, 1937. 4. 6.

진주를 입양하다

광주에서도 기독교재단의 학교인 수피아여학교와 숭일학교는 신사참배를 거부하면서 자진 폐쇄를 결정했다. 신사참배를 거부하고 학교를 폐쇄한 것을 묵과할 일제가 아니었다. 일제는 1937년 9월 6일 전국에서 대대적으로 신사참배를 강행했다. 수피아여학교 교장이었던 유화례 선교사는 신사참배를 거부하고 학교 폐쇄를 단행한 뒤에 환자를 돌보며 어린이들을 가르치기도 했다. 그는 애향원에서 갓난아기 '진주'를 데려다 키웠다. 그런 유화례에게 전남 담양군 무정면과 전북 진안에서 농촌 전도를 하다가 일경의 허가를 받지 않았다는 이유 등으로 1941년 6월 광주를 떠나서는 안 된다는 거주 제한 조치를 내린 뒤에 강제로 추방하기까지 했다. 유화례 선교사는 1942년 6월 10일, 광주를 떠났다.

수피아여학교 교장으로서뿐만 아니라 나환우를 위해 애썼던 유화례는 강제 추방을 앞두고 반드시 해결하지 않으면 안 되는 일이 있었다. 키우고 있던 '진주'를 데리고 갈 수 없게 된 것이다. 그때 현덕신을 큰 결심을 했다. 한센병으로 부모가 모두 세상을 떠나 고아가 된 어린이 '진주'를 입양하기로 한 것이다.[7]

현덕신은 '진주'를 입양하여 호적에 입적하면서도 남편 최원순

---

7 양국주 편저, 『도마리아 조선에 길을 묻다』, serving the people, 2015, 222쪽~223쪽 참조. 사진도 여기서 가져왔다. 현덕신이 진주를 입양한 날은 1942년 4월 12일이다.

• 현덕신과 진주 (1942. 4. 12.)

의 유복자로 생년월일까지 맞춰서 출생신고를 했다. 사랑하는 남편 최원순이 세상을 떠난 뒤였으나 현덕신은 '진주'를 친딸로 호적에 올리고 학교에 보내고 성장시켜 결혼하여 독립할 때까지 지극한 정성으로 돌봤다.

현덕신은 철두철미함과 함께 가득한 사랑으로 진주를 품에 안았으며 진주의 미래까지 생각하는 세심한 마음의 소유자였다. 사랑이 무엇인지를 아는 사람만이 할 수 있는 사랑이었고, 사랑이라는 이름으로도 부족한 그 깊이를 알 수 없는 사랑의 소유자였다. 그가 어린 시절부터 믿었던 절대자인 예수의 가르침대로 산 큰 사람이었다.

그는 일본 유학 시절부터 함께했던 여성 동지들이 일제에 협력하는 것을 보면서 슬픔을 참을 길이 없었으나 침묵으로 일관하면서 광주 여성들의 건강을 살피며 지냈다. 또한 사랑으로 자식을 기르며 일제의 협박에도 물러섬 없이 자신의 길을 걸었다.

그는 격동의 현대사를 온몸으로 살아내면서 외로움과 고통 속에서 해방을 맞았고 1946년 전국여자대회에 광주대표로 참석했다.[8] 광주부 교화계가 주최한 생활 개선 부인 좌담회에 참석하여 아침밥을 간소화하고 불필요한 음식의 수를 줄이고 위생적인 식사를 주문하기도 하고[9] 또한 광주애국부인회 회장으로 안중근 의사 37주기를 맞아 1947년 3월 26일 광주부윤의 관사에서 "방가만대에 민족의 지표로서 민족의 진로를 명시한 안의사의 순국정신을 추모흠앙하야 크게 민족정신을 아양한" 바 추도식을 거행했다.[10] 건국준비위원회 부인회장으로, 광주 YWCA 이사로, 또한 대한독립촉성부인회 광주지부장으로 여성운동을 멈추지 않았다.[11]

그리고 '의학도의 진보향상과 국민의료'를 기하고자 전남의사협회를 결성에 참여하여 중앙파유 대의원으로 최영욱과 함께 피선되었다.[12] 대한적십자사 광주지사가 결성되었는데 부지사장으로 선임되어 활동했고[13] 미소양군의 진주에 따라 고향을 등지고 남하한 이재민 임산부를 위하여 일주일에 한 번씩 무료로 왕진하여 보살피는가 하면 현덕신병원 입원실을 제공하는 의사로서의 소명도 잊지 않았다.[14] 그런가 하면 현덕신병원 이름으로 "남북통일정

---

8 『가정신문』, 1946. 6. 2.
9 『동광신문』, 1947. 3. 9.
10 『동광신문』, 1947. 3. 28.
11 『동광신문』, 1947. 4. 15.
12 『동광신문』, 1947. 5. 6.
13 『동광신문』, 1947. 5. 9.
14 『부인신보』, 1947. 8. 13.

• **현덕신병원 앞의 현덕신 (가운데)**
병원 주소는 광주 동구 남동 40번지이다

부 수립"이라는 광고를 내기도 하여 남북 분단을 반대하는 데도 나섰다.[15] 국토 통일의 시기와 구체적인 방법을 묻는 질문에 부인 대표로 "우리는 한덩이로 뭉처야된다. 우리가 일심이 되어 년초에 내한하는 신한국위원단에 적극협력하여야 할 것이다. 시기는 「신한위」에 협력함에 있으며 하로 속히 국토회복이 있기를"[16] 바라면서 대한부인회 전남도본부 회장에 당선되어 다양한 활동을 펼쳤다.[17] 또한 백범 김구 선생 추도 준비위원으로 추도식 절차 등을 논의하는 등[18] 좌우를 막론하고 혼란한 시대의 파고를 넘나들었다.

---

15 『부인신보』, 1948. 1. 27.
16 『동광신문』, 1949. 1. 1.
17 『동광신문』, 1949. 5. 1.
18 『동광신문』, 1949. 7. 1.

신생유치원과 신생보육학교를 설립하다

현덕신은 시대의 파고를 뒤로하고 1949년 병원 안에 신생유치원을 설립했다. 산부인과와 소아과 의사로 여성들과 어린이들의 건강을 책임지면서 유아 교육의 중요성을 알게 되어 내린 또 하나의 결단으로 병원에 유치원을 설립한 것이다. 아들 상옥의 유학 자금으로 모아뒀던 돈을 유치원 설립 자금으로 썼다. 독립운동을 했던 그 과감함으로, 여성운동을 했던 그 평등의 정신으로 유아를 교육하는 것이 조선의 미래를 희망으로 여는 길이라고 생각했다. 그래서 한 명의 자식보다는 여러 어린이를 잘 기르는 것이 나라를 위한 길이라는 쉽지 않은 선택을 했다. 이렇게 어린이들과 함께 공부하고 노래하며 아프면 병원 치료도 해주는 신생유치원이 탄생했다. 1951년에는 신생보육학교를 개교하여 교사 양성에도 힘을 쏟았다.

현덕신은 이데올로기가 생과 사를 가르는 것을 보면서도 보듬어 안아야 할 사람들에게는 넓은 품을 내어주었다. 광주학생독립운동을 주도했던 장재성이 남과 북으로 갈리는 분단의 역사로 가는 길목에서 광주형무소에서 총살되자 현덕신은 장재성의 부인 박옥희를 신생유치원의 음악 교사로 채용했다. 일제에 맞서다 투옥되는 고통 속에서도 조선의 독립을 위해 투신했던 남편을 잃고 눈앞이 보이지 않은 절망의 끝자락에 서 있던 박옥희는 일본에 유학

• 신생보육학교 교사들

• 신생보육학교 3회 졸업식 (1959. 2. 26.)
앞줄 가운데에 한복을 입은 현덕신, 오른쪽에 아들 최상옥이 있다

해서 기악을 전공한 신여성으로 근우회 광주지회에서 활동했기에 현덕신과는 남다른 관계이기도 했다.

이뿐만이 아니다. 월북한 가족들이 남한에서 할 수 있는 것이 많지 않았을 뿐만 아니라 숨죽이며 살얼음판을 걸어야 했던 시절 정근을 신생유치원의 음악 교사로 일할 수 있게 했다. 정근은 '텔레비전에 내가 나왔으면'이라는 동요를 쓴 작곡가로 형제들이 월북해서 어려움에 처해 있었다. 큰형 정준채는 영화동맹을 이끈 영화감독이었고 작은형 정추는 소련의 모스크바 음대에 유학 중에 구소련으로 망명했고 셋째 형 정권은 한국전쟁 때 행방불명되었다. 현덕신은 이렇게 어려움에 처한 이들의 삶을 보듬어 안고 엄혹한 시절을 함께했다. 두려움 없이 그들과 함께할 수 있었던 것은 일제의 혹독한 감시 속에서도 비밀결사와 독립운동을 했던 그 순결함 때문이었다.

윤슬처럼 빛났던 삶을 마치다

어린 날 꿈을 키운 이화학당, 사랑의 의술을 가르친 로제타 홀, 동경여자의학전문학교, 동대문부인병원 그리고 현덕신병원과 신생유치원, 신생보육학교까지 쉼 없이 내달려온 단발머리의 여인, 조선 사회와 조선 여성을 위해서 한 치의 흐트러짐 없이 단정한 마음으로 살아온 고단했지만 윤슬처럼 빛났던 그는 1963년 7월 5일 "여성을 위한 횃불-한 지사의 슬기로운 아내, 한 아들의 알뜰한 어머니, 그리고 나라의 딸들을 길러낸 겸허한 삶"을 내려놓고 남편 최원순의 곁으로 돌아갔다.

• **광주 YWCA 시절 (1954)**[19] 왼쪽부터 양명순, 박현숙, 조아라, 현덕신이다

19 광주YWCA, 『광주YWCA70년사』, 1992.

• 현덕신 영결식 (1963. 7. 7.)

현덕신은 생애의 끝까지 조선여성과 조선사회를 위하여 헌신하고 봉사하는 삶을 살았다. 그의 숭고한 삶을 광주의 시인들은 이렇게 노래했다.

> 홀홀히 가시다니 아 겨레의 별/슬프고 모진 고난 풀어야가기/가싯길 헤치신뜻 끝내 받들어/외로운 한평생 바치었나니//어머님 고기 가시옵소서/안식의 품에 잠들으로서//출출히 가시다니 아 사람의 별/어둡고 괴로움을 다스려야지/고빗길 밝히신뜻 끝내 꽃피어/외로운 한평생 바치엇나니
>
> 허연, 「고 현덕신선생 조가」 전문[20]

당신께서 나신 해가 1895년/그러니까 조국의 운명이 바람 앞에 등불같던때/이런 때 태나신 당신에게는/민족의 앞날과 함께 위대한 고난만이 약속되었습니다./당신이 들어가 배운 학교는/서울 이화학당, 그리고 동경여자의학전문학교,/고난 가운데서 불러일으키시는/그윽하신 음성 따라 박차고 나선 당신에게/민족의 앞날과 함께 위대한 고난만이 약속되었음은/너무도 당연한 섭리였습니다.//진실로 당신의 생애를 한마디로 줄이자면/

고난과 참음과 기다림이었습니다./민족이 아직 여명의 깊은 잠에 묻혀 있을 때/이름 없는 별과 함께 별처럼 눈을 부비고 깨나신 당신의/정전같은 순정이 선택하신 부군은/당신의 사랑이매 민족의 헌한 견부(犬夫이)었나이다./그가 당신보다 건강보다 의를 취하고/민족의 불행에 불행하여 무시로 옥고를 추릴때마다/당신이야말로 부군의/정성이 내조내방을 고요히 지키매 타는 든든한 등경이었습니다.//당신이여/당신이 만약 수학하신 의술로써/어려운 세대를 어렵잖게만 살으려고 힘썼다고 해도/당신은 누구나처럼 떳떳했었으련만/실로 이름없는 별같던 당신은/어려운 세대를 어렵게만 지나가게 마련이었습니다./이 시인의 떫떫한 모국어가 어찌 다 당신을 말할 수 있을까요?/1952년, 그러니까 붉은 매국노가 민족과 강토를 분별없이 어긋내고 있던

---

20 허연, 「고 현덕신선생 조가」 전문 (시인 허연의 육필원고)

무렵/당신께서는 이미 노안경을 쓰고 계셨습니다/그렇지만 안경넘어로 나바치던 당신의 눈빛이/무능력한 이 시인을 꾸짖듯/젊은 이 시인에게 호소하듯/나비치던 당신의 눈빛이 이 마음에 내내 살아가고 있습니다./그 뜻은 이 시인의 성장과 함께/생명의 나무처럼 내 안에서 성장하리다.//당신이여/당신께서 어려운 이 땅에 다녀가시며/남기신 단 한 점 혈육,/그리고 거시서 다시 무성히 가지치고 뿌리 뻗은/당신의 후예들이/죄다 잊고 있으면서도 꼭 한가지만은 기억하고 있습니다./그것은 무엇일까?/당신께서는 평생을 금폐물로 몸을 꾸미신 일이 없었다는 사실-/아! 당신은 백합꽃 같으신 분/말없는, 고은 인상과 평온으로 우리에게 끼쳐주신……./백합꽃엔 금장식이 당치 않은 것.//이 땅에서 최초로 머리를 자른 여사여,/죄없이, 망해간 민족의 죄를 무릅쓰고/단발하고 고행하던/어른이여.//우리 몇 사람의 마음에 살아가실 이여.

이수복, 「고 현덕신을 추모하는 글」[21]

3월 초하루/산천 초목도 함께 울던/그날의/만세소리 쟁쟁한/아 만세소리/지금 꽃보라같이/가슴에 지는데/평생을 두고 두고/사랑한 조국/모든 영광도 부귀도/훨훨 버리고/임의 뜻을

21 이수복, 「고 현덕신을 추모하는 글」 (시인 이수복의 육필시)

받들어/겨레의 아픈 상처/어루만지다/옥돌로 묻힌/이웃들의 어머니……/이웃들의 가슴에/등불처럼 켜지네/그 이름은 현덕신/오호 현덕신선생님.

주기운, 「獻詩-古玄德信女史胸像建立에」 전문[22]

22 주기운, 「獻詩-古玄德信女史胸像建立에」, 『전남일보』, 1965. 3. 3.

부록

- 현덕신의 글
- 현덕신 연보

현덕신의 글

제목	발표지	날짜
卒業生諸兄의게 들이는 말슴	여자계 3호	1918. 9. 10.
신세게가 다시 왓네	여자계 5호	1920. 6. 25.
婦人金句	여자계 6호	1921. 1. 11.
女子基督靑年 宿舍·沐場 – 녀자위하야 설비	조선일보	1925. 1. 1.
貧富와 醫療機關	동아일보	1926. 1. 6.
이야기거리–단발의 이유	조선일보	1926. 7. 4.
朝鮮에 女病院이 必要흔 理由	기독신보	1926. 12. 1.
무엇부터 곳칠가(1), 우리가정 생활에 위생상식이 필요(대담)	매일신보	1926. 12. 8.
性敎育 可否 問題 – 批判及 對策 – 다섯가지 리유에서 성교육의 절대 필요	중외일보	1927. 1. 11.
The Necessity of Women's Hospitals	The Korea Mission Field	1927. 2.
因襲打破 新生活創造의 第一步, 내가 새로 實行하는 일(질문) – 끗까지 斷髮(답)	별건곤 4호	1927. 2. 1.
結婚하기 前과 結婚한 後, 獨身主義로부터 結婚에	별건곤 4호	1927. 2. 1.
녀름철의 어린아이 위생	동아일보	1927. 7. 20.~7. 21.
女醫師가 되기까지의 苦心記	신가정 3권 11호	1935. 11. 1.
내 主張은 이렇다 – 먼저 統一을 하자	동광신문	1947. 5. 17.
花柳病에 對하여	부인신보	1948. 1. 29.~1. 30.

卒業生諸兄의게 들이는 말솜

『여자계』 3호, 1918. 9. 10.

山川草木이 다 잠이 들어 天地가 寂然한대 旅窓에 외로히 안저 冊床을 依支하고 이 책 져 젹에 손을 대여 닑기도 하고 읍기도 하다가, 져는 문득 幻想의 나래를 타고 져 멀니 遙遙汒汒ᄒᆞᆫ 庶賤아래, 思慕하고 情답고 그리운 妙한 江山에 니르럿습니다. 이 ᄯᅢ에 全身에 소름을 돗치난거슨 그들의 불샹ᄒᆞᆫ 모양이오, 머리를 지근지근 ᄶᅵ르는 거슨 半島 靑年의 압길이오 情神이 아득ᄒᆞᆫ 거슨 「우리가 將次 엇지할가」함이외다.

머리를 들어 窓밧글 내다보니 市街에 죵죵이 달녀 强한 빗츨 내여쏘는 電燈들만 반쟉반쟉, 庭園에는 毅然히 서서 君子의 本色을 보라는듯한 소나무와 대나무에서 푸릇푸릇 초록이 ᄶᅥ러지고, 비소리는 멋지안코 주룩주룩 몃 時間을 내리드니, 忽然히 어대서 닭우는 소래가 寂寞한 밤 空氣를 울녀 들니나이다. 나는 새 情神이 나는듯하고 무슨 默示나 받을 듯, 무슨 깁흔 ᄯᅳᆺ이 잇는 듯 늣겨졋나이다. 暫時는 붓쳐갓치 彫刻갓치 안졋습니다…….

이제 날이 발그면, 이ᄯᅡ에서는, 如前이 各 社會에서는 全力을 다하야 活動할터이오, 各 公場에서는 煙氣를 吐하고 마치질을 할터이오 全市의 累 十萬名 大中小 學生들은 奔走히 登校할 터이오

아참 新聞紙는 지난날의 政治上 社會上 모든 새 消息을 報道할 터이지, 생각하다가 다시 우리 半島를 도라보매 寞寞하고 暗暗하기 지금 갓흔 그 廣慶이 눈 압에 써나오니 져는 참아 볼 수 업서 머리를 숙이고 눈물을 참지 못하엿나이다.

이 때에 내 마음에 번쩍하고, 한줄기 光明이 드려 빗치는 거슨「이번에 卒業하신 兄님들!」이외다. 그래 저는 다만 眞情으로 몃마대 제어리석은 뜻을 말삼드리려 하나이다.

형님들은 우리 半島에 新文明을 輸入하야, 沃野 三千里에 新 光彩를 發하게 하고, 불샹ᄒᆞᆫ 동포의게 回生藥을 먹여 新天地의 新福樂을 맛보고 누리게 하리라는 어엽브고 健壯한 뜻을 품고, 닉은 故鄕, 졍다운 父母 싸뜻ᄒᆞᆫ 家庭을 써나서 물결 諂한 玄海灘을 膽大히 근너, 言語가 달느고 人情 習俗이 갓지 아니한 萬里 異域에 오서서, 여-러가지 말할 수 업는 苦生과 근심을 참고, 찬밥을 달게 먹고 찬 자리를 덥게 자며, 學課에 專心하고 硏究에 努力하시다가 맛참내 光榮의 卒業狀을 손에 쥐이졋습니다. 그거슬 손에 쥐이신 형님들인들 오쟉 깃부시겟습니가마는 尊貴하신 兄님들을 가지게 된 우리들의 欣喜의 정과 感謝의 意를 表할 길이 업습니다.

兄님들이어, 여러분의 卒業은 秦室노 一 生涯의 第一次의 勝利의 月桂冠이올세다. 이졔, 숨은 天才를 마음썻 發揮하고 싸흔 學識을 넉넉히 利用할 機會가 닥쳣습니다. 져는 형님들의 놉흔 智德을 半島에 자랑하며 滿腔의 熱誠으로 뎌를의게 보내며, 형님들의게 잘 배호라고 勸하려 하나이다.

아울너 형님들의 有望ᄒᆞᆫ 前途를 爲하여, 有力ᄒᆞᆫ 事業을 爲하야 멀니 간졀이 祝禱하오며 크게 바람을 가지나이다.

여러분의 卒業이야말노 우리 半島에 有史 以來로 初有ᄒᆞᆫ 貴ᄒᆞᆫ 事實이오며 캄캄하든 우리 女子界의 번적하는 貴ᄒᆞᆫ 光明이외다. 여러분이 나가셔셔 不完全한 社會를 完全하게 하시고 幼稚한 思想을 啓發도 하셔야 되겟습니다. 여러분이, 무슨 良策을 쓰시든지 그들노 하야곰 그 자리에서 떠나서 前進케도 하시고 무슨 良藥을 쓰시든지 깁히 병든 그들을 蘇生케 하실 中樞의 인물이오, 救主가 되셔야하겟습니다. 싸라서 크게 活動하시지 아느면 안 되겟습니다.

형님들이, 뎌들도 사람된 自覺을 가지게 하시고 그 職分과 責任도 알게 하시고 뎌들의게 무어시 가쟝 急務인지로 가라쳐 주십쇼. 여러분은 아무실거시오 쌔달으셔슬 거시외다.

그려고 민족과 사회의 盛衰와 한 家族과 一身의幸福에 如何한 關係가 잇는 거슬 여러분은 밝히 쌔달으셧슬 터이온즉 여러분은 무엇보다도 몬져, 뎌들의 純ᄒᆞᆫ 鼓膜을 두다려 情神을 차리게 하시고, 그려고 뎌들의 압길을 몸소 指導하야 無意味하고 無價値ᄒᆞᆫ 그 生活에서 意味잇고 價値잇는 生活노, 함이업는 절문이들을 함이 잇는 절문이로, 變케 하시고, 暗黑 天地에 여러 가지 慘酷ᄒᆞᆫ 壓迫과 困窮으로, 갈 길을 못가리고 할바를 모르고 방황하는 우리 형제들의게 鮮明한 아참해갓치 발근 빗츨 빗치시고 다정한 安慰者, 든

든흔 保護者가 되셔셔 뎌들의 손목을 잇글고 나아가십시오. 이것이 형님들의 맛당이 할 義務요, 하지 아느면 아니될 責任이외다. 우리는 머리를 숙여 先鋒되시는 여러 형님의게 두 번 세번 바라고 비나이다.

이졔 졔가 한말삼 들이려하는 거슨, 형님들이 眞實노 可憐한 뎌들을 건지실 마음이 잇고 果然 이러한 義務와 責任을 다하실 쯧이 잇거든 (죠곰이라도 뎌들의게 有益을 주시랴거든) 좀 어렵지마는, 不安하지마는 형님들이 「나」라는 거슨 니져버리서야 합니다. 「나」보다 몬져 「뎌들」을 생각하시고 「나」보다 더욱 「뎌들」을 위하십쇼.

형님들! 일본의 維新時代의 일을 아시지오. 靑年男女들이 얼마나 自己 部母를 버리고 몸을 밧쳐 일하고 犧牲的 情神으로 限死코 奮鬪한 거슬 생각하십시오. 어느 나라고 어느 民族이고 이것이 업시는 中興과 創建이 되여슬 理가 업습니다. 세상 일은 하나도 偶然한 거슨 업겟지오. 여러분이 한 손에 검을 들고 한 손에 기를 들고 나아갈 義氣가 이서야 할 거시외다. 나는 반다시 번젹번젹 보이는 검 -펄넉펄넉 보이는 기를 말함이 아니외다. 「마음의 검」 「마음의 기」를 가집시오.

아-여러분이 萬一에 汲汲이 自身의 福만 求하고 悠悠히 一身의 樂을 탐하여서야 엇지 하오릿가. 뎌들의 運命! 우리의 압길을!

형님들이어. 任重 途遠의 悶歎이 來侵할 째에는, 썰쳐 活力을 發하시고 힘써 穀氣를 發하시오. 가다가 日暮 迷路의 難을 當하실 때에도 全力을 다하여 勇氣를 發하야, 굿은 意志를 조곰도 썩기지 말고 나아가시오. 그리하면 하나님이 길을 발켜주시지오. 져히도 이제 도라가서 젹은 힘을 갓치 하지오.

아 - 여러분은 우리 半島 女子界의

模範的 人格!

犧牲的 恩人!

光明의 曉星!

奮鬪의 先鋒!

(一九一八. 四. 二, 若松町에서)

싀셰게가 다시 왓네

『여자계』 5호, 1920. 6. 25

奇하고도 妙하구나 翡鳥갓치 나라가며 流水갓치 쌜으도다. 天地間에 萬物을 支配하는 時間이다. 一千九百十九年은 발셔 흘너가셔 過去가 되고 다시 여긔 新春이 到來 하얏쓰니 無心한 인간이여, 歎息하겟지요. 日和 風暖에 春興을 이기지 못할녀라. 春色이 田野에 完然하니 밀밧흔 주릇주릇 紅花 滿發하여 百鳥의 노릭 쏘한 깃부고 萬樹의 가지 其 生을 回敍하는 도다. 美의 色과 香의 氣天地의 찻으니 바야으로 和暢한 春을 萬物이 깃버 쒸며 讚揚하는 것 갈구나. 한번 싱각을 돌니니 自然界에 봄이 옴과 갓치 人間 世上에 쏘한 春光이 回來하엿도다.

무정세월이라 우리의 뜻은 猛火갓치 熱烈하며 理想은 ○天갓치 高遠하고 우리의 前途가 大洋갓치 묘연 아득한데 세상은 엇지 이와갓치 促急한가? 슬프고 슬프도다. 나의 사랑하는 兄님들 諸氏여 一千九百十九年의 收穫이 果然 무엇인가? 光明일가, 眞理인가, 平和인가, 활발 긔운인가 태타인가 가운데 ○○[1] 心情인가, ○○인가, ○○인가, 벙어린가 과연 情神잇는 사람인가 즘 인가 엇은 것이

1 이하 ○으로 처리된 곳은 판독이 불가능하여 ○으로 표기했다.

무엇인가? 손은 모두고 눈을 감고 沈思하니 슬프다. 공연이 허송세월 하엿구려 형님들이여!! 금수는 날 수나 잇고 길 수나 잇거니와 우리 朝鮮 半島 男女 靑年들은 엇더한 사람다운 춤을 추며 노릐를 하엿ᄂᆞᆫ가 生命에 自由 發展이 何處에 在하뇨? 內로ᄂᆞᆫ 物的 慾望의 奴隸와 금수적 要求가 되며, 外로는 社會的 習慣的 權威의 屈服者가 되어 活氣가 缺乏하니 四方이 寂寞하고 暗暗하다. 어려 형님들이여, 朝鮮 女子 靑年은 과연 살엇ᄂᆞᆫ가 죽엇ᄂᆞᆫ가 죽엇쓰면 련이어니와 살엇쓰면 산 갑슬 합세다. 사람이면 意志가 確立하고 思想이 高尙하여야지 아모것도 업시 四方이 空空漠漠하고 社會가 캄캄하니 이것이 뭔일이며 이것이 엇진 연고인고? 눈을 들어 歐洲 列强의 男女의 狀態를 봅세다. 우리 半島 靑年도 本來 活氣가 업고 活潑한 氣魄과 意志가 업ᄂᆞᆫ 것이 아니니 한번 눈을 쓰고 주먹을 부러쥐고 勇氣잇게 前進하세. 强烈한 意志쏘 中天하고 活潑한 活力은 世界를 一變할지어늘

엇지 十字架가 무섭고 죽엄이 두려워서 굴안에 갓친 家畜갓치 卑陋○○하겟ᄂᆞ뇨? 自己의 人格을 保全하거나 칼을 들어 惡魔를 목베든가 其中에 하나이 과연 우리가 한번하여 볼일이 아닌가? 新春을 맞아 將來를 바라보고 過去를 ᄉᆡᆼ각하니 원통하고 슬프도다 춤으로 同胞을 사랑하고 참으로 사람을 爲하여 十字架를 지고 예수을 짜를 男女 靑年이 멧사람이며 죽음을 무릅쓰고 勇進할 者 이 멧사람인고? 원통하고 긔가 막힌다. 그러나 落膽말고 失望마세. 過

去는 죽엇쓰니 죽은 者ㄴ 파뭇고 다시 살은 現在에셔 元氣잇개 活動하세. 우리 마음에 至誠이 잇쓰면 泰山이 動하고 北海가 쓸을지라. 다시 용긔을 너어 우리의 직무을 다하세. 우리의 책임을 他人이 담당할 理 만무하다. 책임 重한 우리들은 全力ㅅ고 쌈흘니세.

봄이 왓도다 봄이 왓도다 봄이 다시 우리 江山에 도라왓도다. 명쥬옷 닙고 가벼옵게 나라오ㄴ듯한 싸뜻한 봄바람은 香氣나는 사랑을 가지고 와셔 모든 罪惡을 씻쳐 ㅁ음을 맑게 하며, 神靈된 눈을 쓰게 하니 神通하다 有力한 春風이여.

羽衣을 둘는 天使갓치 나라오ㄴ 봄바람은 滅亡에셔 나오는 죽음갓치 찬바람을 柔順하고 싸뜻한 사람의 氣運으로 쳐둘리고 新春 新太陽이 微小하니 世界가 비로쇼 白雪인듯 ○을 넘○○치고, 눈을 쓰며, 堅氷牢凍을 脫出하야 自由로다. 아!! 世界가 自由로다. 어름짱 갓치 찬바람도 內部로 發動하ㄴ 生命力의 活動을 쓰을수 업쓰며 鐵板갓치 구든 찬어름도 春水의 膨脹力을 막을 수 업도다. 自然으로 돗아나오ㄴ 져 푸른들을 뉘가 抑制하며 ㅅ파랏게 도다오ㄴ 버들싹을 뉘가 뜻어먹으리오. 男女靑年諸氏여, 봄이 왓도다 다시 우리의게 ㅅ봄이 왓도다. 그러나 진실노 告하노니 靑年 諸分이시여 耳目口鼻 四肢百體가 具備한 우리들은 自然的 現想을 그져 보지만 날고 ㅇ각합세다. 哲人이라 聖人이라 함도 別人이 아니요, 물건을 보아도 다 못 보지만 안코 그 깁흔 뜻과 그 아름다온 敎訓을 看取한 者의 不過하ㄴ니 눈을 분명이 쓰고 깁히 ㅇ각하세.

져 푸른들과 져 버들싹이 무엇을 意味하ᄂᆞᆫ 者뇨? 썻다 나삿다 中天에 나라단니는 제비을 보라. 이것이 이 엇진 意味인고? 그 고운 제비의 날지를 뉘가 썩그며 그 두 발을 뉘가 능히 結縛하리요. 나의 사랑하ᄂᆞᆫ 男女 靑年들은 눈을 바로쓰고 呼吸을 깁히하여 淺薄한 無能力者가 되지 말고 天地 根本의 신 生命심에 물마시고 활발한 氣運을 가슴속에 깁히 져축하며 生命水에 沐浴하세. 有力되도 文明한 先祖의 피를 밧어 이 몸을 일운 우리 男女 靑年들, 將來 우리 子孫의게 文明을 씨치고 갈 우리들은 엇지 活潑한 氣運을 일엇쓰며 堂堂한 意志를 버렷ᄂᆞᆫ고? 우리 先祖들은 朝鮮半島 靑年들을 爲하여 地下에서라도, 大聲痛哭하겟쓰며 우리의 後孫은 우리를 怨望함이 긋치지 못 하겟도다.

世界ᄂᆞᆫ 落心하고 屈服할 舞臺가 아니오 生命에 횃불 들고도 自己의 立志를 實現하며 創造할 工場이도다. 사랑하ᄂᆞᆫ 여러분들이여 奮鬪합세다. 곤고하면 다시 天地 根本 生命泉에 물마시고 또 용맹으로 나아가서 「生命을 앗기는 者ᄂᆞᆫ 도로혀 일코 生命을 버리는 者는 도로혀 生命을 엇ᄂᆞ니라」.

봄바람이 한 번 불러 오○○. 枯木이 다시 푸른 싹을 ᄂᆡ며 모든 풀이 다시 눈을 써 百花가 滿發하니 짓빗 世界가 한번 ᄉᆡ로와 綠衣를 둘너 입고 萬花의 錦冠을 덥헛쓰니 이ᄯᅢᄂᆞᆫ 곳잘 ᄯᅢ가 아니고 ᄯᅵᆯᄯᅢ로다. 여러분이여 한번 또 告하노니 外部 更生만 ᄉᆡᆼ각말고 다시 內部를 反省하시오. 盲者ᄂᆞᆫ 日月星辰의 眞美을 보지 못하고 聾

者는 汎汎한 天地의 一大 音樂을 듯지 못하ᄂᆞ니 心靈이 졸여 눈을 쓰지 못하고 暗黑에게 封鎖되어 自由活動 엇지 못한 ᄌᆞ는 生命泉에 물마시기 困難하도다. 新 太陽이도라와서 外部가 更生하니 우리도 內部의 光明의 기름 貯蓄하고 外部에 불켜들도 日新 又 日新 又 日新하여 보세. 一千九百餘年 前에 유ᄃᆡ 廣野에서 洗禮者 요한이가 웨치되「회기하라 天國이 갓가왓도다」一千九百餘年 前에 新春 新 太陽 마즐 ᄯᅢ에 다시 우리ᄆᆞ음에 痛切이 共鳴하ᄂᆞᆫ도다. 嗚呼라 나의 思慕하ᄂᆞᆫ 오라바님들 형님들이여, 熱熱한 日光은 能히 일만 黴菌을 根絶할 수 잇쓰며 天來의 甘雨ᄂᆞᆫ 能히 일만 樹木을 養育할 수 잇쓰니 우리 心中에 靈의 水를 受하여 更生하며 生의 光明을 得하여 暗黑을 脫出하고 久久한 自由 生活의 질거움을 밧을 지어다.

新 太陽이 한번 불근 옷을 닙고 東山에 올나오니 沈沈한 暗黑은 逃亡하고 和氣가 만만하며 光明이 萬物을 照하니 全地가平和가 잇고 즐거이 노릐하ᄂᆞᆫ도다. 예수ᄭᅴ셔 世上에 降臨하시ᄆᆡ 天에ᄂᆞᆫ 榮光이 잇고 地에ᄂᆞᆫ 平和가 잇쓰며 人의ᄂᆞᆫ 恩惠가 잇쓸지라 하엿도다. 光明 中에 興旺이 잇쓰며 平和와 喜樂이 잇고 暗黑 中에 滅亡이 到하며 근심과 悲哀가 有함은 定한 理致이라. 道德이 進步 向上하고 心中에 光明이 存在하면 必來하ᄂᆞᆫ 者가 興旺이요 幸福이니 此ᄂᆞᆫ 吾人의게 第一 存在者의 意을 敎指하ᄂᆞᆫ 天意가 아닐가? 여러분들이여 十字架를 들고 至誠을 求하며 남 爲하여 사랑의 눈

물을 貯蓄하옵세다. 誠心이 업고 눈물이 업는 者는 同胞을 求하며 萬人을 指導할 수 업고 도로혀 만인을 墮落케하며 暗黑 中 滅亡의 길로 引導하나니. 나의 사랑하는 여러분들이시여, 진실됨을 求하며 全我를 擧하야 此를 求합세다. 求하면 엇고 즐거움이 잇쓸지라 誠은 天道니 誠이 在한 處에 光明이 在하고 光明 在한 處에 聖神이 與在하나니 肉으로써 心靈을 치지 말며 肉으로 心靈을 結縛하지 말지어다. 肉的 生活者는 心靈의 神聖한 活動을 解得지 못하며 心靈에 尊重함과 人格의 아름다음을 解得지 못하는 者는 사람을 爲하여 진실노 울 눈물이 全無함으로 肉的 生活者는 人格을 無視하고 他人을 奴隷視하며 自己主義를 唱導하야 남이 살거나 죽거나 吾 不問이라 하도다. 아! 사랑하는 男女靑年이여「悔改하라 天國이 갓가왓다함은」至誠으로 天을 信하며 善行 道하고 진실노 人을 위하야 사랑의 눈물을 져축함을 意味함이로다. 분발합세다. 勇進하옵세다. 强者는 喰하고 勝子는 웃고 춤추며 노릐하고 意氣가 揚揚하나 그러나 父母兄弟여, 靑年이여 약자는 敗하고 弱者는 울며 빅곱흐고 한숨 쉬며 歎息 뿐이고, 無能力할 뿐이라. 아! 여러 男女 靑年들이여, 强者가 되시러우? 弱者가 되시러우!? 新春 新 太陽을 마지니 우리들의 할 것이 무엇인가? 깁히 김히 싱각합세다.

婦人金句

『여자계』 6호, 1921. 1. 11.

임신중(妊娠中)의 주의(注意)

子女의게 가쟝 중요하고 가쟝 어러운 책임을 가진 여러 형님들의게 특별이 두어 말슴으로 드리고저 하옵니다. 임신하엿슬 째에 특별이 위생에 주의하지 안으면 아니될 것을 몃조건 들어 말슴드리겟슴니다. 이것은 다만 태중에 게신 임부(妊婦)의게만 유익할뿐 아니라 대아의게도 밀졉한 관게가 잇슴니다. 영국 런던 엇던 유명한 녀의사의 말이「엇더한 나라든지 아해는 귀중한 보물이오 쟝차 그 나라의 흥망성쇠의 근본이라」하엿슴니다. 이 말은 국가만 대하여 말한 것이 아니고, 가정으로 말하여도 자녀잇는 집안과 업는 가정을 비교하면 판이 다릇슴니다.

본래 부인은 누구든지 아해를 사랑하나 그 중에서 어머님된분의 제일 큰 의무는 그 아해의 정신과 신테를 건강케 양육하는 책임이 잇다함니다. 그런데, 유감되고 섭섭한 것은 년년이 몃천명의 아해들의 생명이 다만 량친, 특별이 모친의 불주의와 육아법(育兒法)의 아지 못하는 원인으로써 보배갓치 귀중한 아들 딸들을 일허버리고, 애통절통하는 일이 만슴니다. 부인은 만일에 자긔가 임신

중인줄 짐작, 혹은 분명이 알 것 갓흐면 그때부터 곳 주의하여 조흔 감화(感化)를 태아(胎兒)의게 주도록 힘쓸 거시올시다. 근심 걱정, 괴로음을 업도록 하으며 평화와 온정(溫靜)한 심지를 가지여야 하겟습니다. 모친의 심지라든지 신테의 가감(加減)은 곳 태아의게 영향이 밋치는고로 임신즁 모친이 건전하고 안정한 날을 보내면, 그 아해의게도 크게 유쾌함을 엇겟지만, 만일에 심득(心得)의 불위싱(不衛生) 불쥬의하면 그 아해의게 조치 못한 영향이 만히 밋칠 것은 물론임니다.

이제, 임신 즁에는 엇더케할 것을 대강 말습하겟습니다.

(一) 신션한 공긔

임신되엿을 째에는 자긔와 태아와 이인(二人)이 호흡하지 안으면 아니되는 고로 신션한 공긔를 항상 츙분히 호흡하여야 하겟습니다. 보통 째에도 밤에 잘 째에 방에 덧문과 장자문(障子門)을 꼭 닷아서 방안에 불결한 공긔와, 박그로 드러오는 신션한 공긔와 환긔(換氣)가 불츙분하면 해로온 거선데, 더군다나 임부의게는 특별이 해가됩니다. 낫(晝間)에 피곤함을 회복(回復)하는 것은 자는 째(瞳眠時) 이때인데, 그러한 긴절한 때 다 불결한 공긔즁에 잇는 것은 크게 危害가 되는 것이올시다.

그런고로 낫이나 밤이나 할 수 잇는대로 덧문과 쟝자문을 열기 습관을 하여서 언제든지 신션한 공긔가 출입하도록 하오면 두통

(頭痛) 현긔증(眩氣症)이 아니날 거시올시다. 만일에 덧문이나 혹 쟝자를 여는 것이 불평하시면 문 맨- 웃간, 장자(障子) 최상부문(最上部間)의 五, 六간을 뚤너 구멍을 내여두면 언제든지 조흘줄 암니다. 밤의 공긔는 결코 해가되지 아니함으로 방안 공긔를 잘 교환도 식히고 주의하는 이의게는 도로혀 감긔도 덜 -, 들고 폐병(肺病), 긔관지염(氣管支炎), 폐렴(肺炎)에 걸니기가 쉽지 안읍니다. (그러나 주의할 것은 문을 열고 잘지라도 물론 우에 덥는 니불은 만히 덥고 자는 것이 조습니다).

(二) 덕당한 식물

임신즁일지라도 쳐음에는 음식을 만히 잡수시는 것이 조치안코 도로혀 쳐음에는 보통때보다 분량을 적게 잡수시는 것이 유익함니다. 임신한 때에는 위(胃)에셔 죠절(調節)하는 것이 변하기 쉽고, 쇼화력도 략하여지는고로 다량의 식물을 쇼화할 힘이 엄는 쌔가 쌔쌔로 잇는고로 신션하고 생기잇는 식물(淡白한 食物)을 잡수시도록 주의하며 굳은 김치조갸 갓흔 것 너무 매운 고초갓흔 것, 만히 잡수시지 안토록 주의 하시는 것이 조습니다. 쇽이 호리호리하고 구역증(嘔氣)이 잇서셔 토하기 잘하는 이는 특별이 앗참에, 쇽이 메쓱메쓱하여 잘 토하는 이는 극히 淡白한 식물을 취하는 것이 조흐며 간식(間食)은 어마니게의든지, 태아의게든지 회가 되오니, 일절 금하심이 조싸오며, 앗참에는 죠곰 늣게 이러나는 것이 대단히 조습니다.

마시는 물은 끌인 짜뜻한 물 혹 차물(茶類)도 조흔데, 식사(食事)ᄯᅢ에 마시는 것보다, 식사전 반시간든지 혹은 식후 두시간 후에 마시는 것이, 유익합니다.

실과(實果類)는 매우 유익하나 다만 주의할 것은 잘 익지 안코, 미숙한 것이라든지, 또는 너무 익어셔 석은 것을 주의하서셔 뎍당이 닉은 것을 택하여 잡수시는 것이 유익하옵니다.

(三) 의복

첫째 임신즁에 필요한 것은 의복을 정결케, 닙어야 하겟습니다. 의외도 정결하여야 하겟지만, 쇽곳을 깨긋이 닙지 안코 자조 세탁하지 아니하여 닙으면 여러 가지로 해됨이 만히 잇스나 일일이 다 들어 말하지 못하고 간단하게 말하려면 여러 더러운 물건과, 세균(細菌)이 쟈궁내(子宮內)의 침입하여 자궁병도 생기고 태아의게도 여러 가지 병의 원인을 발생케 하는 념려가 잇습니다. 그래셔, 져는 이러케 생각을 하나 햇습니다. 지금 형님네들 닙으시는 뎨일 속에 닙는 것(쇽옷)은 가슴에셔 브터 죵아리ᄭᅡ지 나려오는 것임으로 너무길고, 넓고 커셔 자죠 세탁 하시기가 매우 불편 하시고 힘도 드실 듯 하오니, 그 쇽옷의에 죠고마하게(배에셔 브터 넓은 다리 ᄭᅡ지 다으리만-큼) 히고, 보들보들한 푸사무명 조박으로 만드러셔 닙으시면 빨레하시는 데도 퍽- 편리 할듯합니다. 그 만드는 법은 여러

바누질 잘 하시는 형님들의 조흔 의향대로, 편리하실 째로 하시겟지만, 졔 생각에는, 남자들, 맨-, 쇽에 닙는 사루마다라는 것이 잇지 안슴니까?, 그 모양대로 만드러 닙으시는 것도 조흘 것 갓해요. 또는 그런 것 사셔 닙으셔도 더욱 조슴니다. 그런 사루마다 갓흔 것은 한 -오분 동안만 비누의 주물너셔, 태양볏헤 잠간 말니우기만 하면 곳 닙게 됩니다. 형님들 아모조록 실행해 보시오. 그뿐아니라 우리나라 부인네는 가슴을 매는 폐습이 만히 잇셔요(소위 허리씌). 이것은 위생상에 큰 방해가 되는 것이요 뎨일은 흉곽과 횡경막을 자유로 운동치 못하여 호흡에 곤란을 당하며 혈액순환에도 방해가 되며 그로 인하여 양다리가 쑹쑹 붓는 일이 만히 잇슴니다. 이러한 해를 예방 하려면 허리씌를 견고히 매지마시고 엇개나, 멜방을 달어셔 닙으시면 위생 샹에도 유익할뿐더러 아래로 흘너 나려갈 념려도 업겟슴니다.

임신즁에는 감기들기가 매우 쉽슴니다. 배(腹部)가 차면 셜사가 나기 쉽사으며 또는 셜사는 임신하엿슬 때에는 대단이 무셔운 병이 오니 이것을 방비하려면 上下의 련한 샤쓰(져고리와 바지가 련한 내복)을 닙으시든지, 혹은 따쯧한 배두렁이를 배에 두루시면 태모의게 유익할 것임니다. (여름이나, 겨울이나 언제든지 태생즁에는 복부를 싸쯧하게함이 필요함)

(四) 목욕

임신 초긔에 몸시 더운 물에 목욕하는 것은 락태하기 쉬운 고로 과히 더운 물에 목욕은 금하시고 할 수 잇는대로 피하시는 것이 조사오며 보통 싸뜻한 물에 매일, 혹, 하로 거너서 하는 것이 대단이 필요합니다.

(五) 운동

운동은 톄중에는 특별이 쥬의하여야 하겟습니다. 평생의 보통으로 가내에셔 쇼제, 세탁과, 부엌에셔 밥짓는 일(炊事)들은 자긔 숀으로 이는 그대로 련하여 하는 것이 좃사오며 그이외 신톄의 힘에 너머 넘치는 일과 몸이 피곤하도록 운동하지 안는 것이 조흐며 너무 무거운 물건을 드는 거시든디, 풍류나, 건네와, 널갓흔 것 뛰는 것이다 -테중에는 유익지 못하오며, 인력거나, 도로가 불평한 것은 할 수 잇는대로 피하는 것이 좃습니다. 여긔 반대로 임신즁에 뎍당한 운동을 도모지 아니하고 게으르게 되면 도로혀 해산하기가 어렵습니다. 임부(妊婦)는 해산할 째에 필요한 긔관과 근육을 평쇼(平素)에 뎍당한 운동을 한 결과로 몸이 든든하고 힘을엇으면 해산을 할 째에 몸이 과히 허약하지도 안켓고 정신을 수습할 수가 잇습니다. 자궁이든지, 골반(骨盤)의 고쟝(故障)과 이샹(異常)이 잇고, 째째로 락태하는 부인은 례외(例外)로 두고, 보통 건강한, 임부(妊婦)는 자긔의게 대하여셔나, 태아의게 대하셔나 맛당이 직힐 의무는 뎍당한 운동을 계을니지 안케하여야만 될 줄 암니다. (락태를 항샹하신 다든지 신병이 잇는 태모씌셔는 신용잇는 의사의게 진찬을 밧은 후 엇더케 운동하며 엇더케 쉬여야 되겟다는 것을 자세이 드른후, 의사의 말대로 하시면 유익이 만켓슴니다)

이 다음쟝에 임무가 엇더케 운동하며 됴흘 것을 대강 긔록하겟슴니다. 이 운동은 매일 이삼차식 하는 것이 필요하오며 식후에 곳하면 도로혀 해가 되는고로 한 – 이십분 후에 하는 것이 조흐며 쏘는 쳐음브터 급히 만히 하는 것이 조치 안싸오니 차차 조곰식 하기 시작한 후에 좀 익숙하면 싸라셔 도수(度數)든지 죵류(種類)든지 증가(增加)하는 것이 좃슴니다.

(1) 신테를 꼿꼿이 바루 션 후 두팔을 머리 뒤로 올닌 후 두 숀을 마죠잡고, 천천히 몸을 압흐로 굽히여, 허리싸지 밋치게 한 후 하나, 둘, 셋……열싸지 헤이도록 그 위치를 동치안케 한 후 다시 머리을 들어 쳐음 하든대로 이 운동을 멧번할 것.

(2) 신테를 바로 곳게 션 후 흉부를 훨씩 펴고 압흐로 내민 후 가슴 우에(胸骨肺우에) 양손을 대인 후 호흡을 깁–히 멧차리를 한 후, 다시 양손을 엇개에 올니여 숀쯧흐로 엇개를 집흔 후 깁히 호흡을 할 것.

(3) 두 팔을 뒤로 돌니여 두 숀을 맛잡은 후 상테(上體)를 허리싸지 압과, 양좌 우편에 굽히엿다, 폇다 하기를 여러번 할 것.

(4) 팔을 뒤로 돌니여서 두 손을 붓잡고 아래턱(下顎骨)을 우으로

올니는 듯 하면서 가만-이 깁히 호흡할 것, 다음에는 무릅을 굽히지 말고 왼다리를 될 수 잇는 대로 놉히 올니고, 하나 둘 셋 -다슷까지 헤이고 다음에는 바른 다리의 그와 갓치할 것(이 운동은 자리에 반듯이 바로 누어셔할 것) 이샹에 몃가지라도 시간을 정하여 실행하기가 매우 어려우시나 할 수잇는대로 하시면 다대한 유익이 만히 잇슬 것이올시다.

(六) 잠자리 (睡眠)

임부(妊婦)는 보통 사람 보다 잠을 만히 자는 것이 필요합니다. 오후 식후에 얼마식 자는 것이 대단이 유익하오며 특별이 공긔조흔 곳에 포단을 펴고 쉬는 것이 조흐며 칩지 안은 때에는 습하지 안은 마루에 포단을 펴고 쉬이는 것도 좃습니다. 특별이 습긔잇는 방이나 마루에셔 자지 안을 것이외다.

(七) 유방의 쥬의

임신즁에나, 해산 후이나, 유방의 주의는 맛당이 하여야 하겟습니다. 이것은 산모가 계으르기 까닭에 유방이 압흐다든지, 영아의게 졋 먹일 수 업게 되는 것이올시다. 해산하기 두달 젼브터 졋쏙지가 단-단-하고, 물갓흔 것이 나올 것 갓흐면 졍결하게 매번 씨쓰시며, 만일에 졋쏙지가, 젋고, 젹어셔 젓먹이기가 어려운 부인은 매일 손으로 유방을 가만가만이 마찰하여서 졋쏙지가 늘어나도록 하시는 것이 조흐며, 졋쇽이 단단하여 압흐실 때에는 손으로 주물으시면 졋쇽이 풀니여 덜-압흘 듯 합니다.

유방은 매일 두 번식 더운 물에 씨슨후 단닌산과 리시빙 셕근 것이든지 알콜(酒精)과 리시빙 셕근 물약을 발은 후 잘 문질느시면 아모 념려업습니다. 유방이 불결하면 유아가 셜사하기 쉽사오니 주의하여 주시오, 만일에 유방의 조고마한 허물(죵처 비-슷한 뽐으라지)이 잇스면 그대로 내버려 두시지지 마시고 정결한 헌겁갓흔 것으로 싸매두시오며 졋먹인 후에는 반드시 먼저 말한 것과 갓치 단닌산과 리시딩을 바르시오. 만일에 완젼한 죵쳐이면 아해의게 절대적 먹이지 안어야 합니다. 즉시 의사의게 치료를 밧어야 위험이 업겟습니다. 제일 조흔 방법은 해산하지 젼에 잘 주의하는 것이 필요하외다.

(八) 그 외에 주의할 것

임신하엿슬때에 다리가 잔-뜩, 부어셔 거름 것기에 불평한 것이 만히 잇습니다. 이것은 매일 아참 이러나기 젼에 발브터 종아리까지 붕대(繃帶)를 해둘 것, 또는 때때로, 바로 반듯이 누어셔 잘 것, 또는 안즐때에라도 등에 무엇을 의지하여 기대고 안져서 발을 압흐로 내벗치고 안즐 것.

임신즁에는, 언제든지, 갑작이 놀내는 것을 피할 것. 부인은 평생 월경 때에는 특별히 주의할 것은 과격한 운동을 금할 것과, 먼

길을 것지 말 것, 힘의 넘치는 일을 피할 것이오, 할 수 잇는 대로, 조용하고 안젼한 일을 할 것이올시다.

결혼 후 수년이 되도록 아직 수태하지 못한 부인은 부인과 의사 진찰을 하여 보시오. 치료를 밧어서 자녀을 만히 싱산하는 일이 잇습니다.

불임(不姙)의 만흔 원인은, 불적당한 생활, 불도덕 음일한 생활 피로(疲勞) 과다(過多), 두뢰의 과도샹한이, 생식긔의 병 등의 원인이외다.

여러 사랑하는 형님들이여!! 져도 형님들의 형편과, 사셰와 사정을 동졍하옵니다. 시하에거 사유 못하는 사졍, 그-완고한 시부모 앞에셔 자연이 위싱을 하느니, 운동을 하느니 병원에를 자조 가느니 하면 공연이 갓지 안케 녁이고 미움을 밧으실지도 모릅니다. 그러치 안코 자부를 금갓치 사랑하는 부모도 잇겟지요만은, 형님들이여 할 수잇는대로 엇더케 틈을 엇으서셔 이샹에서 멧조건을 실행하시기를 칸절이 바람니다.

女子基督青年 宿舍·沐塲――녀자위하야 설비

『조선일보』, 1925. 1. 1.

현재 하여가는 일 외에도 여러 가지 계획한 사업이 만히 잇섯스나 금전과 시간관계로 유의막수가 되어왓습니다. 그러나 지금까지하여 오는 일도 우리청년회로서는 매우 로력하고 분투한 동시에 그 성적도 상당하얏습니다. 그러나 현재 하여가는 그것만으로는 도뎌히 만족을 어들 수가 업슴으로 우리회 간부들은 항상 유감천만으로 아러 오든바 종래의 계획하여 오든 중에서 명년부터는 편물과(編物科)를 두고 일반학생을 모집하야 철을 싸러서 여러 가지 편물 등속을 교수하기로 일전 리사회(理事會)에서 결의하엿습니다. 그리고 성력을 다하야 금전을 변통하여 가지고 녀자긔숙사(女子寄宿舍)를 설립하야 객디에서 숙소로 곤난밧는 녀자들에게 다소의 편의를 주도록 하랴합니다. 그 다음에는 녀자공동식당(女子共同食堂)과 녀자공동목욕탕을 설립하고 일반녀자에게 한하야 수응하랴합니다. 그리고 자미스러운 녀자의 모임과 긔독교 선뎐 강연가튼 것을 때때로하랴합니다. 이외에도 여러 가지 계획이 만습니다만은 금전과 시간관계도 잇슬 쑨아니라 기타 여러 가지 사정으로 아직은 말슴하기가 어렵습니다하며 녀자는 모든 일에 여의치 못한 것이 만흠을 한탄하는 빗이 은연히 나타나더라.

貧富와 醫療機關

『동아일보』, 1926. 1. 6.

◇ 私立病院에 잇슬지라도 오늘날 朝鮮人의 生活狀態를 잘 알 수가 잇지만은 더욱히 慈善事業을 目的하는 病院갓흔 데 잇서서 每日 오는 患者의 種類와 其生活相態를 살펴보면 긔가 막히는 일이 每日하나 둘이 아닙니다. 日氣가 치워진 겨울을 當하면 이 슯흔 事實이 더욱 만하여짐니다. 例를 들면 南町에서 한 돌 겨우 지낸 어린애 患者가 왓섯는데 體格이나 容貌가 엇더케 健壯하고 잘 생겻는지 누구든지 보고는 안어보고 십허하지 아니할 이가 업스리 만콤 잘낫섯습니다. 그러나 그 어린애는 肺炎으로 症勢가 重하엿섯나이다.

◇ 나는 이와 갓흔 健壯한 어린애가 感氣로 因하여 重한 病에 니르게 된 것을 보고 自然愛惜한 생각과 가이업슨 마음이 불닐듯햇습니다. 그리하야 그 家庭의 生活狀態를 무러보게 되엿습니다.

그 어머니는 말하기를 일곱 식구가 사는데 한 방에서 나무는 하로 五錢어치식 이고 덥는 이불은 한 개를 가지고 사는 터임으로 저녁이면 無知한 잠결에 어린애의 몸에서 이불이 벗겨지는 줄을 모르는 째가 만엇습니다. 그럼으로 感氣가 들기 쉽고 한 번 들면

낫기도 前에 더욱더욱이 甚해질 뿐이올시다. 어린애를 나서 기르는 父母가 子息을 貴히 녁이는 것이엇지 上下와 貴賤貧富의 區別이 잇스리오 모도다 一般일 것이올시다.

◇ 나는 그 어머니가 처량한 말소래로 이와 갓치 말할 쌔에 나오는 눈물을 억지로 참엇나이다. 이러한 일이 만할 적에는 하로에도 십여차식 당합니다. 먹지 못해 나는 병 입지 못함으로 엇는 病 이것이 每日 나는 實地로 보는 多數한 朝鮮人의 生活인듯 합니다. 돈이 업슴으로 病이 나면 卽時治療하지 못하고 하로 잇흘 미루다가 죽게 되면 病院이라고 차저옵니다. 한편으로 보면 그네들이 無識한 것도 잇겟지요. 아지 못함으로 速히 곳치지 못하는 사람도 잇슬 것이올시다. 그러나 大部分은 돈이 엄슴으로 速히 곳치지 못하는 것임니다.

◇ 그런중에 營養은 不足하고 操攝 할만한 居處가 업슴으로 病은 漸漸加勢하게 됩니다. 貧民의 설음이엇지 病에만 잇스리요. 社會上待遇에도 잇고 政治上差別에도 잇고 人道上矛盾에도 잇슴으로 病에만 限해서 貧民의 慘狀을 말하는 것은 우수운 일인듯 하지만은 다른 것은 直接生死를 判斷하는 것이 아니요 病으로 말하면 生命의 存亡에 直接으로 關係되는 것이니 人生에게 가장 큰 問題올시다. 그럼으로 社會上待遇가 조코 구진 것도 사람의 生活에는

큰 關係가 잇슬 것이요 政治上 差別도 民衆이 깨인 오날날에 잇서서는 곳처야할 일임니다.

◇ 그뿐 아니라 人道라고 標榜하고 禽獸의 行動에 다르지 아니할 野心의 貪慾者가 만히 잇는 것도 事實이니 公正한 世上에서 和平하게 살어가자 하면 이러한 모든 것을 改造하여야 하겟지만은 그것이 完全히 되기 어려울지라도 위선이 貧民의 生命을 救하기 爲하야 衛生에 關한 醫療機關을 될 수 잇스면 國家에서 經營하여 營利를 爲하지 말고 全部가 國民의 生命을 爲하는 機關이 되엿스면 조켓습니다. 돈 잇는 사람도 國民이요 돈 없는 사람도 國民이니 貴重한 生命을 서로 앳겨주기 爲해서 平等한 權利로 病治療를 밧도록 하여야 될 것이올시다.

◇ 經濟上으로 亡한다고 하는 朝鮮사람의 生活은 더욱히 이러한 必要를 늣기게 됩니다. 다른 사람들도 만히 體驗하는 줄을 밋지만은 나는 其中한 사람으로 가장 痛切하게 이 不公平한 財産의 有無로 생기는 罪惡을 말하지 아니할 수 업습니다. 불상한 貧民病者를 만히 보는 사람들은 누구나 다 나와 갓흔 늣김이 잇슬줄 암니다. 이것이 해가 밧귈사록 더욱더욱이 가삼에 맷치는 늣김입니다.

이야기거리—단발의 이유

『조선일보』, 1926. 7. 4.

일즉이 동경녀자의학 전문학교를 졸업하고 현재 시내 동대문부인병원에서 산부과를 마터보는 현덕신(玄德信)씨는 조선녀류 의학계에 자못 명성이 자자한 의사인데 7월 1일 5시(본월 일일 하오 오시경)에 동대문안 자택에서 단발을 하엿다.

▲씨는 동업 동아일보 긔자 최원순(崔元淳)씨의 부인으로 어린 아들을 다리고 한편으로 살림을 하여가며 직업을 붓들게 되야 일분의 여유를 엇지 못함으로 하로에 한번이나 두번 머리 빗는 시간까지라도 경제하기 위하야 여러 달 동안 벼르고 생각하여오든 머리를 마즘내 버혀바리고 말엇다는 바 녀사는 단발한 리유를 말하되

『그저 실생활의 편리를 도모하고저 하는 것 뿐이올시다. 그리고 저는 직업이 직업임으로 밤에 자다가도 갑작이 왕진을 하게 되는 일이 비일비재할 쑨 아니라 급한 환자나 방금 해산하려는 산모가 잇는 째에는 일 분 일초를 다토게 됩니다. 그럼으로 저는 무엇보다도 그런 째에 시간을 덜 들게 하자는 것이 단발한 첫 목뎍이라고 하겟고 쏘는 머리를 싹고 보매 생각하든 것보다도 더욱 가든하고 편리하외다. 그리고 본시 머리가 짤라서 달레를 드리지 안흐면 쪽을 찔 수가 업더니 이번에는 그런 불편도 업게 되엿습니다』라고.

朝鮮에 女病院이 必要훈 理由

『기독신보』, 1926. 12. 1.

모든 社會的 施設은 그 社會의 實際形便에 맛지아니ᄒᆞ면 아모리 됴흔 理想의 設計라고 훌지라도 其 目的을 일우기가 어려운 것이니 朝鮮에셔 됴흔 일을ᄒᆞ고 됴흔 成績을 거두랴면 朝鮮의 實際風俗 習慣과 人智가 發達된 程度에 맛초아셔 ᄒᆞ여야 훌 것이다.

朝鮮은 其 由來가 됴흔 곳에셔 왓든지 됴치못훈 곳에셔 왓든지 그것은 別問題로 훌지라도 如何間 數千年을 두고 女子는 家庭에셔 一步를 다른 곳에 내지 아나ᄒᆞ고 살어온 것이 事實일 쑨 아니라 近來 西洋文明의 影響으로 女子教育이 多少 普及되는 中에 잇지만은 實際 社會生活에 잇서셔는 如前히 女子는 社會人이 되지 못ᄒᆞ고 家庭人이다.

朝鮮女子는家庭人에 근칠쑨만 아니라 在來의 風俗慣習에 저져서 男子라ᄒᆞ면 自己의 家庭 中 가장 親近훈 親戚이나 自己 男便外에는 面談을 ᄒᆞ기도 써리는 것이 一般의 通則이니 하믈며 自己의 病을 남의 男子의게 뵈이는 것은 實노 一般 舊式 家庭의 婦女의게는 싱각에도 밋치기 어려운 일이다. 病을 診斷ᄒᆞ기 爲ᄒᆞ야 醫師가 오면 팔을 슈건으로 싸고 슈건우으로 겨우 診脈을 식히던 것이 婦女의 病을 보는 方法이엿스니 其와 갓치 甚훈 일은 多少 곳치게 되엿슬지라도 그러ᄒᆞᆫ 風俗은 아직ᄶᅡ지도 婦女의 가슴 속에 자최를 가지고 잇다.

그로 因ᄒᆞ야 每年 朝鮮婦女가 곳칠수 잇는 病을 곳칠만ᄒᆞᆫ 金錢이 잇는 사ᄅᆞᆷ으로도 醫師의게 뵈이기를 ᄶᅥ리는 結果 무참히 앗가운 生命을 헛되이 일허바리는 數가 決코 적지아니ᄒᆞ다. 生命ᄶᅡ지는 아니밧친다ᄒᆞᆯ지라도 쓸대업는 苦痛 적게 밧고도 넉넉ᄒᆞᆯ 苦痛을 밧는 부녀의 數가 每年 莫大ᄒᆞ다고 ᄒᆞᆯ 것이다.

이러ᄒᆞᆫ 것이 朝鮮의 實際 形便이니 먼- 쟝래는 將次 教育이 普及되고 文化가 向上ᄒᆞᆷ을 ᄯᅡ라셔 그럿치 아니ᄒᆞᆫ ᄯᅢ가 잇겟지만 오날날에 잇서셔는 이 실제를 無視ᄒᆞᆯ 수가 업다. 다시 말ᄒᆞ면 衛生에 無識ᄒᆞᆯ ᄲᅮᆫ 아니라 넷적부터나려오는 風俗習慣이 이러ᄒᆞ니 이 婦女들의 生命을 爲ᄒᆞ야는 아모리 ᄒᆞ여도 女子醫師가 必要ᄒᆞ다.

一般 婦女의 疾病을 곳쳐주기 爲ᄒᆞ여도 女醫師가 病院을 經營ᄒᆞ는 것이 必要ᄒᆞᆫ ᄲᅮᆫ만 아니라 社會的으로 보아도 衛生思想을 一般家庭에 普及식히는 수단으로도 女醫師가 必要ᄒᆞ다.

ᄯᅡ라서 女醫師는 男醫師와 갓치 한가지 긔관에셔 事務에 從事ᄒᆞ는 것보다도 女子만 ᄯᅡ로 獨立ᄒᆞ여셔 經營ᄒᆞ는 機關이 필요ᄒᆞ다. 다시말ᄒᆞ면 男子와 女子가 空同으로 病院을 經營ᄒᆞ게 되면 죠션 一般 婦女의 ᄉᆡᆼ각에 그 병원은 男子의 病院과 다름이 업시 ᄉᆡᆼ각이 들게 되는 고로 女子가 經營ᄒᆞ고 女子 患者만 보는 병원이 必要ᄒᆞ다.

다시 女子의 解放이라고 ᄒᆞᆯ가 女子의 地位向上이라고 ᄒᆞᆯ가 하여간 世界的으로 써들게 되는婦人問題라는 立場에셔 볼지라도 朝鮮에 잇서셔는 婦人病院이 필요하다.

웨그런고ᄒᆞ니 婦人문뎨의 中心은 婦人의 經濟的 自立에 잇고 知識의 啓發에 잇다. 그럼으로 죠션에 잇서셔도 부인의 向上이나 婦人의 解放에 勞力ᄒᆞ랴고ᄒᆞ면 먼져 婦人의 知識 啓發과 經濟的 獨立이 可能ᄒᆞᆫ 일에셔부터 始作ᄒᆞ여야ᄒᆞᆯ 것이다. 그런데 知識啓發도 女子가 어느 專門知識을 修得ᄒᆞᆫ 후에 其 知識을 獨立ᄒᆞ야 活用ᄒᆞᆯ만ᄒᆞᆫ 것이 되지 못ᄒᆞ면 卽 다시말ᄒᆞ면 自己가 學習ᄒᆞᆫ 學問을 가지고 實際社會에 나와셔 獨立ᄒᆞ야 活用ᄒᆞᆯ 수 잇는 것이 아니면 아모리 高上ᄒᆞᆫ 學問을 닥것슬지라도 그 知識으로써 女子가 獨立的 生活을 營爲ᄒᆞ기가 어려운 것이다. 朝鮮 現在 形便에 빗최여보면 女子가 專門知識을 닥근후에 그 지식을 活用ᄒᆞ고 獨立ᄒᆞᆫ 生活을 ᄒᆞᆯ만ᄒᆞᆫ 可能性이 만은 方面이 卽 醫學이라고 ᄒᆞᆯ지니 죠션에 잇서셔 다른 專門知識을 닥거가지고 나와셔는 獨立生活을 ᄒᆞ기가 어려운 바가 만치만은 醫學을 배운 사ᄅᆞᆷ으로는 能히 朝鮮에 잇서셔 獨立ᄒᆞᆫ 生活을 ᄒᆞᆯ 수가 잇다. 婦人病院을 朝鮮에셔 경영ᄒᆞ는 것은 女子의 職業上으로 보아서도 필요ᄒᆞᆫ 것이다.

그런데 女子의 才能에 對ᄒᆞ야 아직까지 充分한 試驗이 적은 죠션에서는 如干ᄒᆞᆫ지조로 工夫를 잘ᄒᆞᆫ사ᄅᆞᆷ일지라도 實際社會에셔 일반사ᄅᆞᆷ이 信用을 쉽게ᄒᆞ지 안는 弊風이 잇스니 이것은 오늘날

朝鮮에 잇서셔는 免치 못홀일이라고 홀 것이다. 그럼으로 女子가 漸次 一般社會에셔 信用을 엇게되는 날ᄭᅡ지 後援이 必要ᄒᆞ니 自己의 金錢이 잇서셔 學校를 졸업ᄒᆞᆫ 후에 開業을 홀 수 잇는 사ᄅᆞᆷ은 關係치 아니ᄒᆞ지만은 그럿치못ᄒᆞᆫ 사ᄅᆞᆷ은 容易히 後援者를 엇기가 어렵다.

그럼으로 社會에셔 要求ᄒᆞ고 自己能力도 그 業務를 담당홀 수 잇스면셔도 일반샤회가 아직은 理解하는 程度에 잇지 못ᄒᆞᆷ으로 헛되이 버리게 될 念慮도 잇는 것이다. 이러ᄒᆞᆫ 것을 ᄉᆡᆼ각ᄒᆞ면 죠션에 잇서셔 婦人病院을 경영ᄒᆞ고 醫學을 배혼 朝鮮女子가 그 才能을 發揮홀 수 잇게 機會를 지어주는 것으로 말ᄒᆞ면 얼마나 偉大ᄒᆞᆫ가.

實際에 잇서셔 婦人病院을 經營ᄒᆞᆷ로 因ᄒᆞ여 죠션부녀가 밧는 ᄒᆡᆼ복과 그 은혜로 ᄉᆡᆼ기는 感激으로 말ᄒᆞ면 京城 東大門 婦人病院 갓흔 곳에셔 一年間ᄒᆞ여 나온 事業의 通計에셔만 빗최여보아도 能히 이것을 看破할 수가 잇슬 것이다.

-女醫師 玄德信-

무엇부터 곳칠가(1), 우리가정 생활에 위생상식이 필요(대담)

『매일신보』, 1926. 12. 8.

흐린 초겨울날 느진 아침에 동대문안부인병원에 근무하는 녀의(女醫) 현덕신(玄德信)씨를 방문한 즉 씨는 아담한 입씨로 만흔 환자에게 둘너 싸이워서 은혜를 베풀 듯이 약과 주의(注意)를 난오아 주다가 긔자의 방문한 뜻을 뭇더니 간단히 검사한 후에

『우리나라가 정성활임닛가? 지금까지 우리는 그럿치 못하얏지만은 살님사리를 쏙 규측적(規則的)으로 미일 정해둔 시간에 이러나셔 소제하고 씻고 먹고 일해야지요. 그 다음에 우리나라 부인들은 더욱이 경제를 잘해야 하겟는대 일반의 경제적(經濟的) 관념이 더 밝아진 뒤가 아니면 엇더타 시비를 말하기가 좀 곤난합니다. 그 다음에 말할 것은 우리나라 부인은 위생(衛生) 방면(方面)에 심히 어두운 것인대 첫재 전염병의 두려운 것을 모르고 쏘감긔가 두려운 병의 원인을 짓는 줄을 모릅니다. 그럭서 내 아해가 홍역을 하던지 남의 아해가 열병을 알턴지 관게치 안코 서로 통이합니다. 그런고로 우리나라의 한 두 살 된 소아의 사망률(死亡率)이 제일 만타고 합데다』 하더라.

性敎育 可否 問題 - 批判及 對策
다섯가지 리유에서 성교육의 절대 필요

『중외일보』, 1927. 1. 11.

재래의 여자 사회에서는 성(性)에 대한 이약이만 하야도 죄악으로 생각했습니다. 성은 본능인 동시에 인생 생활의 전반은 성적생활(性的生活)이 점령하얏다고 할 수 잇는 줄압니다.

위생상(衛生上)으로 보든지 도덕상(道德上)으로 보든지 여자가 춘긔발동긔(春機發動機)가 시작될 때부터는 반듯이 성교육(性敎育)이 필요한줄로 생각합니다. 그 리유는 대개 이러한 줄로 생각합니다.

(一) 성교(性交)로부터 오는 병 즉 화류병, 부인병, 신경 속약증 등 우리나라에서 흔히 하는 말로 보족중(不足病)이라고 하는 것도 성의 과로(過勞)의 원인이 만흔 싸닭이요.

(二) 세상 사람은 나 선인(善人)이 아닌 고로 성의 숙날(熟達)한 남자가 순결하고 단순한 성에 숙련(熟練)되지 못한 여자를 유인(誘引)할 때에는 생각밧게 유혹을 밧게 되는 일이 잇는 싸닭이요 성(性)의 심리를 안다하드래도 유혹 밧기가 쉬운 것이니까 성의 심리를 대강 한번 가르치는 것이 무엇보다도 필요할 줄로 압니다.

(三) 쏘는 성(性)의 심리는 열중(熱中)하기가 쉬운 고로 다른 여러 가지를 생각할 여디가 업시 맹목뎍으로 전부 정신이 쌔앗기기

쉬운 까닭이요.

(四) 변태성욕(變態性慾) 이것은 성(性)의 심리를 리해하지 못하는 사람들에게 생기는 현상, 로골뎍으로 말하자면 수음(手淫)이나 강간(强姦)가튼 것을 하게 되는 까닭이요.

(五) 련애(戀愛)란 실패하기 쉬운 일인 까닭으로 다시말하면 남녀의 관계란 류동성(流動性)을 가진 것인고로 미리미리 이에 대한 참고가 필요한 것이올시다.

이상 여러 가지 뎜으로 보아서 녀학생들에게 성교육을 하는 것이 필요하다고 생각합니다. 어쩐때가 가장 리상뎍이냐 하면 고등녀학교 이삼학년경이 가장 뎍당한 시긔인줄로 밋습니다.

The Necessity of Women's Hospitals

Mrs D. S Hyun, M. D.

The Korea Mission Field, 1927.2

IT IS A RECOGNIZED FACT that all social institutions, if they are to be a success, must meet the practical needs of society. If they do not minister to such needs, no matter how well developed they are or how efficient may be their ideals, they can never realize their goal. The same is true in Korea. If one attempts to do something worth while which would register permanent results his plans and ideals must of necessity be adapted to the degree of knowledge and culture the people possess, and in harmony with their customs and habits.

Leaving out of our consideration the problems as to whether the seclusion of women in Korea originated from a valid cause, it is a well recognized fact that women have been confined to the home for all these centuries, and notwithstanding the entrance and diffusion of Western learning in Korea, woman's place is still in the home. The

Korean woman is not yet a social person. She is pre-eminently a home person. Not only is she committed to this position but she is also bound by the fetters of age-long customs and habits. I think it is clear to all that custom does not permit her to hold interviews with anyone outside of her husband and her immediate relatives. This being true, one can see how very difficult it becomes for a male physician to consult and treat her when she is sick. Suppose a male physician were called to treat her when she was ill. He would be compelled to follow the custom of taking her pulse through a napkin wrapped about her wrist, for Korean etiquette does not allow another man to touch her. And there are many women who would not consent to have a man take her pulse even in this way. It is true that this old custom has been modified in places, but it still remains a stubborn fact, that this power of this old custom lies deeply ingrained in the heart of the Korean women, and because of this there are many women who die every year, who might have been cured had there been women physicians to whom they would go. Even in many cases, though they do not die, they are compelled to endure pain and suffering which they might have otherwise avoided had there been women doctors. This is the situation that obtains at the present. It may be that in the future, when education has been widely diffused and intelligence becomes more general this condition will change, but at present we cannot and we must not ignore the present conditions.

I assert again that when the majority of women in Korea are ignorant of scientific knowledge, and furthermore, since they are fettered by age long customs and habits, it is all the more necessary that we should have women doctors. Not only are women's hospitals and doctors necessary for the treatment of sick women but they are also necessary as a means for the promotion and diffusion of home sanitation.

I think it is better to have an independent women's hospital than to have a hospital where men and women doctors work together, because the majority of Korean women would look upon such an institution as purely a men's hospital, and would hesitate to go there, while if there were women's hospitals with only women doctors this difficulty would readily be avoided.

Whether we are pleased to term it the emancipation

of women or the promotion of the position of women, or whatever we call it, it is a well-known fact that this question is now receiving world-wide consideration. Looking at the question from this viewpoint a women's hospital becomes all the more necessary. The heart of the woman's question is grounded in the fact of her economic self-reliance and intellectual illumination. If we are to look for this development and enlightment of the women of Korea we must begin from the standpoint of her economic self-reliance and intellectual enlightment.

At the present stage if a woman were to graduate from a college and possess all the knowledge such a training would naturally give, it would be of little value to her unless it assisted her in practical society to attain her goal of economic self-reliance. The only practical opening for a woman of this culture at this stage to realize her goal is in the medical profession. As yet the ability of women in Korea has not been proven. Even though she possesses a good scholastic training, the abominable custom in Korea of not placing confidence in the ability of women, will be difficult to overcome. this fact must not be overlooked. Therefore, until such a time as society is willing to accord her this recognition, she will need moral assistance and financial support. It stands to reason that a woman with capital, might be able to get along alright, but the woman without such aid would have a very difficult time.

The women are also afraid that they will not succeed, even though they have the ability and knowledge, because society does not understand her and does not place reliance in her. From this standpoint would it not be a very proper thing for us to plan for women's hospitals in Korea and for women to study medicine and become physicians, in order that they might not only minister to their sisters, but by these means prove to Korea their ability and be accorded their rightful places in society.

A glance at the statistics of the East Gate Women's Hospital will convince anyone of the truth of what I have been trying to say. The blessing and happiness that come from such an institution to the women of Korea are a standing testimony to the need for such institutions.

여성병원의 필요성 (국문 필자 번역)

모든 사회 기관이 성공하려면 사회의 실질적인 요구를 충족시켜야 한다는 것은 주지의 사실입니다. 그들이 그런 요구에 부응하지 않는다면 얼마나 잘 발달되어 있든, 또는 그들의 이상이 얼마나 효율적이든 그들은 결코 그들의 목표를 실현할 수 없습니다. 한국에서도 마찬가지입니다. 만약 어떤 사람이 영구적인 결과를 가져올 가치 있는 일을 하려고 한다면, 그의 계획과 이상은 반드시 사람들이 가지고 있는 지식과 문화의 정도에 알맞게 적용되어야 하고 그들의 관습 및 습관과 조화를 이루어야 합니다.

한국에서 여성의 은둔이 타당한 이유로부터 비롯되었는지에 대한 우리의 고려에서 벗어나, 여성들이 수세기 동안 가정에만 갇혀 있었다는 것은 잘 알려진 사실이며, 한국에 서양 학문의 유입과 확산에도 불구하고, 여성의 자리는 여전히 가정 안에 있습니다. 그 한국 여성은 아직 사회적인 의미에서의 사람이 아닙니다. 가정적인 의미로서의 사람입니다. 그녀는 자신의 자리에 헌신할 뿐만 아니라 오랜 관습과 습관의 굴레에 얽매여 있습니다. 저는 관습이 그녀가 남편과 그녀의 직계 친척 이외의 누구와도 인터뷰를 하는 것을 허락하지 않는다는 것이 명백하다고 생각합니다. 이것이 사실이라면, 한 남자 의사가 그녀가 아플 때 그녀에게 상담하고 치료하는 것이 얼마나 어려운지를 알 수 있습니다. 그녀가 아팠을 때 남자 의사가 그녀를 치료하기 위해 호출되었다고 가정해보십시오. 그는 그녀의 손목에 감긴 수건을 통해 그녀의 맥박을 재는 관습에 따를 수밖에 없을 것입니다. 왜냐하면 한국의 에티켓은 다른 남자가 그녀를 만지는 것을 허용하지 않기 때문입니다. 그리고 이런 식으로라도 남자가 맥박을 재는 것에 동의하지 않는 여성들이 많습니다. 이 오래된 관습이 군데군데 변형된 것은 사실이지만, 이 오래된 관습의 힘은 한국 여성들의 마음에 깊이 배어 있고, 이것 때문에 매년 많은 여성들이 죽지만 만약 그들이 갈 여성 의사가 있었다면 치료되었을지도 모릅니다. 비록 그들이 죽지는 않지만 많은 경우에 그들은 여성 의사가 있었다면 피할 수 있었을 고통을 견뎌야 했습니다. 이것이 현재의 상황입니다. 미래에 교육이 널리 보급되고 지식이 보편화될 때 이 상황이 바뀔 수도 있지만, 현재 우리는 지금의 상황을 무시할 수도 없습니다.

지금은 한국 여성의 대다수가 과학지식에 관해 무지하고, 더 나아가 오랜 관습과 습관에 얽매여 있기 때문에 여성 의사를 두는 것이 더욱 더 필요하다고 주장합니다. 아픈 여성의 치료를 위해 여성 병원과 의사가 필요한 것은 물론 가정위생 증진과 확산을 위한 수단으로서도 필요합니다.

저는 여성 의사가 있는 독립된 여성병원이 남녀 의사가 함께 일하는 병원보다 낫다고 생각합니다. 왜냐하면 대다수의 한국 여성들은 그런 기관을 순전히 남성 병원이라고 보고 가길 주저하거나 어쩔 수 없이 피합니다. 하지만 여성 의사들만이 있는 여성병원이 있다면 이런 어려움을 피할 수 있습니다.

우리가 그것을 여성의 해방이라 부르든, 여성의 지위 증진이라 부르든, 혹은 우리가 뭐라고 부르든 간에, 이 질문은 현재 세계적으로 고려되고 있는 것은 잘 알려진 사실입니다. 이런 관점에서 보면 여성병원은 더욱 더 필요하게 됩니다. 여성의 질문의 핵심은 그녀의 경제적 자립과 지적 조명이라는 사실에 근거를 두고 있습니다. 이러한 한국 여성의 발전과 계몽을 위해서는 경제적 자립과 지적 계몽의 관점에서 시작해야 합니다.

현 단계에서, 만약 여성이 대학을 졸업하고 그러한 훈련이 자연스럽게 줄 모든 지식을 가지고 있다면, 그것은 그녀가 경제적 자립이라는 목표를 달성하기 위해 실용적인 사회에서 그녀를 돕지 않는 한 그녀에게 거의 가치가 없을 것입니다. 이 단계에서 이러한 문화를 가진 여성이 자신의 목표를 실현하기 위한 유일한 실질적인 개방은 의료계입니다. 아직 한국 여성의 능력은 증명되지 않았습니다. 비록 그녀가 좋은 학업 훈련을 마쳤더라도, 여성의 능력에 자신감을 두지 않는 한국의 불쾌한 관습은 극복하기 어려울 것입니다. 이 사실을 간과해서는 안 됩니다. 그러므로, 사회가 기꺼이 그녀에게 인정을 해줄 때까지, 그녀는 도덕적 지원과 재정적 지원이 필요할 것입니다. 자본을 가진 여성이라면 잘 지낼 수 있을지

모르지만, 그러한 도움 없이는 여성은 매우 힘든 시간을 보낼 것입니다.

그 여성들은 또한 사회가 그녀를 이해하지 못하고 그녀를 신뢰하지 않기 때문에 능력과 지식이 있어도 성공하지 못할 것을 두려워합니다. 이러한 관점에서 볼 때, 우리가 한국에 있는 여성병원을 계획하고, 여성들이 의학을 공부하고 의사가 되는 것은 그들이 그들의 자매들에게 봉사할 뿐만 아니라, 이러한 방법들을 통해 한국에 그들의 능력을 증명하고 사회에서 그들의 올바른 위치를 인정받기 위해서 적절한 것이 아닐까 싶습니다.

동문 여성병원의 통계자료를 한번 훑어보는 것만으로도 제가 말하고자 했던 것이 사실이라는 것을 누구나 납득할 수 있을 것입니다. 그러한 기관이 한국 여성들에게 주는 축복과 행복은 그러한 기관이 필요하다는 것을 증명하는 증거입니다.

因襲打破 新生活創造의 第一步, 내가 새로 實行하는 일(질문) — 끗까지 斷髮(답)

東大門婦人病院 玄德信, 『별건곤』 4호, 1927. 2. 1.

단발도 한참은 꽤 류행이더니 요세는 만히 기르는 모양입니다. 그런데 그는 대부분 주의자측의 녀자들이 그런바 엇재 다시 기르느냐고 물은즉 아직 단발 그것이 민중화(民衆化)가 못되얏기 때문에 민중과 가티 일을 하랴면 민중을 따라가야 되겟다구 그래요.

그러나 나는 처음부터 단발한 것이 무슨 미(美)를 취하랴 그럼도 아니요 무슨 주의로 그런 것도 아니며 류행을 따르랴고 그런것도 아니요 단순히 시간경제로 보아서 깍근 것이기 때문에 다시 길니랴는 생각도 업습니다. 그런데 세수하는 데라던지 머리 빗는 데라던지 기타 외출할 때에도 여간 편리한 것이 아닙니다. 그러고 저고리 뒤가 검어지지 아니하니 보기에도 츄하지 아니하고 겨울가튼 때는 모자를 쓰니까 문뎨가 업지만 봄이 되야 바람이나 심하고 모자를 안 쓴다면 바람에 머리털이 날려서 다소 불편한 점이 잇슬넌지는 모르겟습니다. 그러나 하여간 녀자들로서 매일 머리를 빗는다는 것은 시간과 로동의 능률(能率)로 보아서 퍽이나 불경제인데 고시간만 절약해 가지고 다른 방면에 잘 리용한다면 매우 유익한 일을 할 수도 잇스리라고 생각합니다.

結婚하기 前과 結婚한 後, 獨身主義로부터 結婚에

『별건곤』, 4호, 1927.2.1.

남들은 결혼 전과 결혼 후의 인생관이 틀리느니 생각이 변하느니 하지만 나는 결혼 전이나 결혼 후나 무엇이고 별로 달라젓다는 생각이 나지 안습니다. 보통으로 녀자들이 처녀시대에는 『독신생활! 독신생활!』하며 독신생활이 퍽 신성하고 마음에 될 듯 십흐지만 차차 세상을 알게 되고 사회와 접촉케 되면 결혼 안코는 안 될 것을 확실히 알게 됩니다. 그와가티 나도 처녀시대에는 다소 그런 생각으로 독신생활을 찬미하고 실행하겟다고 생각도 해 보앗지만 그것은 한 공상에 지나지 못한 것이요 얼마 아니하여 자연적으로 결혼의 필요를 늣기게 되엿습니다. 그러나 결혼의 필요를 늣겻다고 보통으로 세상의 녀자들은 장래 결혼한 후에 호화로운 생활을 그리고 꿈꾸는 이가 만타고 일반의 비평까지 있지만 나는 사랑만 잇스면 리해가 자연히 생기고 리해가 잇다면 가난하고 부한 것은 결국 문제될 것도 갓지 아니하다고 생각하엿슴으로 지금도 실상은 아시는 바와 가타 가난한 신문긔자와 동거를 하지만 조금도 그런 불평은 업스며 결혼한 후로도 더욱이 사랑이 깁허지고 신뢰하는 마음이 생기여 평화로히 지나는 것을 무엇보다도 행복으로 알고 잇습니다. 주의나 취미도 부부가 서로 꼭 갓기를 희망하는 이가 만흔 모양이나 그것도 그러케 생각지 안습니다. 나도 남편은 신문 긔자, 내가 의사, 이러케 되어 잇스닛가 혹 모르는 사람은 주의나 취미상 대차가 잇서서 자미스럽지 못할 것 가티 보는 이도 잇겟지만 거긔 대해서는 결코 그런 부자유스러운 생각이 업고 다만 결혼 전은 홋몸이엿스니까 어대를 가나 무엇을 하나 비교적 자유스럽던 것이 결혼을 하야 가정을 갓게 되고 더구나 아이까지 생기니까 누구가 구속하는 것이 안이라도 제절로 부자유스럽게 되엿다는 그것 뿐이겟습니다. 그리고 결혼 전과 결혼 후에 남자에 대한 관념이 달르다는 이도 잇는 모양이나 나는 전후에 조금도 틀리게 보지 안습니다.

崔元淳氏 夫人 玄德信

녀름철의 어린아이 위생

『동아일보』, 1927. 7. 20. ~ 7. 21.

대톄로 말하면 하절은 어룬에게도 위생상 재앙이 만히 생기는 째이니 일반으로 위생에 주의하여야 될 째이지만은 어린이에 잇서서는 더욱히 주의하여야 될 것이올시다. 각방면으로 어린이의 위생을 위하여 주의하여야 될 일이 만치 만은 지면이 허락하지 아니함으로 구중에 뎨일만코 중요한 것만 멧갓 들어서 말하랴 합니다.

어린이는 젓먹는 어린이와 밥을 먹기 시작하여서 반년이나 혹은 일년된 어린이를 구별할 필요가 잇습니다. 단순이 젓만 먹는 어린이와 한편으로 젓도 먹으며 밥도 먹는 어린이의 톄질이 다를 쑨 아니라 위험의 정도도 매우 차이가 잇는 것임니다. 말하자면 젓만 먹는 어린이가 톄질이 더 약하여서 병이 더욱 만히 들 것 갓지만은 실상은 가장 병이 만은 것은 어머니의 젓을 써러저서 밥을 먹기 시작한 그 째가 가장 어린이가 병으로 만히 죽는 째 올시다. 그럼으로 밥 먹기 시작한 어린이와 젓만 먹는 어린이를 구별하여서 말삼하는 것이 필요함니다.

하절이면 엇지하여서 어린이들이 병에 만히 걸니는가 하면 외계(外界)의 온도는 놉고 어린이의 톄질은 약할 쑨아니라 몸의 잇는 모든 긔관이 아즉 발달되지 못하엿슴으로 외계의 놉흔 온도에 대하야 저항(抵抗)하는 힘이 적고 외계 온도를 자긔 몸의 온도와 조절(調節)을 뎍당히 하지 못하는 고로 어룬보다도 어린이가 하절이 어려운 것임니다. 그럼으로 첫재는 어린이를 넘우 더웁게 하거나 차게 하지 안는 것이필요함니다.

소위 상류 가뎡에서 만히 그리함니다만은 어린이라 하야 넘우 더웁게 함으로 병이 더 만히 나는 일이 만슴니다. 알기 쉽게 말하면 어린이도 보통 어룬이 춥도 더웁지도 아니한 온도쯤이면 관게치 아니한 것이올시다. 둘재는 몸을 정하게 하여야 됨니다. 즉 다시말하면 하절은 한편으로 온도가 놉흔 동시에 습긔(習氣)가 만흔 째 올시다. 짜라서 미균(微菌)이 만히 번창하는 째인고로 정하게 하지 아니하면 여러 가지 질병이 만히 생김니다. 정하게 한다는 것은 옷을 정하게 입히거나 몸을 쌔씃하게 하여주는 것도 그 중에 하나이지만은 그것보다도 음식물을 정결하게 하여야됨니다. 더욱이 상한 것이나 변한 것을 먹이지 아니하여야 될 것임니다. 그럼으로 우리나라 가뎡에서 뎨일 하절에 주의할 것은 어린이를 위하야 한서(寒暑)를 뎍당히 가려주며 음식과 의복과 거처를 정하게 하는 것이 뎨일 필요함니다. 병이 들어서 약을 쓰는 것보다도 먼저 병이 생기지 아니하도록 의식주(衣食住)에 주의하는 것이 가장 필요함니다.

의식주를 정하게 한 연후에 어린이를 위하야 주의할 것은 위장

병(胃腸病)에 걸리지 안토록 힘쓸 것이올시다. 젓먹는 어린이에게 젓을 먹이되 분양과 시간을 뎍당이 먹여야 될것은 아모리 어머니의 젓이라도 과히 먹이면 체하야 설사와 구토를 이르키고 나종에는 리질에까지 범하게 됩니다. 물론 우유나 양유에 체한 것과 가치 치료의 어려운 것은 아니지마는 어머니 젓에도 체하기 쉬운 것이니 체한 듯하면 그병이 더욱 중하여지기 전에 그 방면의 의사와 상의하여서 곳 곳쳐주지 아니하면 나종에는 생명의 위태한 일까지 이르게 됩니다.

어머니 젓 대신에 우유나 양유를 먹이는 어린이는 더욱 체하기 쉬운 리유가 잇스니 우유와 양유는 인유(人乳)와 달라서 하절에는 부패하기 쉬운 물건임니다. 그러나 그 자톄가 그와 가치 부패하는 것은 아니지마는 취급하는 사람들이 잘못하는 일이 만흠으로 우리 가뎡에 배달(配達)될 째에는 간혹 부패된 물건이 그대로 드러옴니다. 그것을 아지 못하고 어린이를 먹이면 반드시 체하여 구토와 설사를 함니다. 그럼으로 실상을 말하면 우유와 양유가튼 것은 한 개인에 영리사업에 맛길 것이 아니라 국가나 공공단톄가 비영리뎍으로 일반 위생에 뎍당하도록 경영하여야 될 것임니다. 젓을 먹든 어린이가 밥을 먹게 되면 그 어린이의 위장에는 큰 문뎨가 생김니다. 소화되기 쉬운 액톄(液體)만 먹다가 밥과가튼 단단한 물건을 먹게 되니 그 위장은 새로 힘을 내여야 그 단단한물건을 능히 소화할 수 잇슴니다. 그런데다가 부모가 잘못하여서 어룬에게도 소화가 잘 안되는 불소화물(不消化物)을 흔히 먹이는 일이 잇스니 엇지 병이 아니 나겟슴닛가.

더욱이 하절에 만히 잇는 미숙(未熟)한 과실이나 상한 물건을 주의하지 아니하고 어린이에게 먹이여서 나종에는 체하여 죽는 데까지 이르게됨니다. 요컨대 이상의 말을 줄여서 말하면 녀름 장마때는 습긔가 만코 태양의 소독이 적은 때인고로 각종 병의 미균이 번성하기 쉬운고로 통계상으로 보드래도 이때가 어린이의 사망률(死亡率)이 가장만흔 때임니다. 그런고로 첫재로는 의식주(衣食住)를 정결이 하는 것이 뎨일 긴요한 일임니다. 그리하면 전념병갓흔 것은 어느 뎡도까지 안심할 수가 잇슴니다. 그리하고 어린이는 그 톄질과 저항력이 약한 것이니 이것을 살피여서 부모가 잘 주의하면 큰 걱정은 업슴니다.(끗)

女醫師가 되기까지의 苦心記

『신가정』 3권 11호, 1935. 11. 1.

사람이란 것은 누구나 제가 밟어온 길이 가장 어려웠든 것처럼 생각하기가 쉽다. 나도 나의 짧은 과거를 다시 회상하면 남다른 어려운 길이나 걸어온 것처럼 감회가 깊어진다.

세월도 빠르고 세상의 변천도 많은 것 같다. 생각하면 二十二년 전인 것 같다. 이화학당을 졸업하고 나는 두루두루 생각다가 성격에도 맞지 아니하는 길을 택했다. 지금 생각하면 내가 어째서 여의사 되기를 결정하였던고 생각할스록 이상한 생각이 난다. 그러나 내가 의사가 되려는 동기만은 퍽으나 순결하였었으니 어떻게 하면 조선여자들을 위하야 도움이 될까 조선 사회에 유익한 인물이 될까하고 생각하다가 교육계로 가는 것보다도 병이 들어서 죽을지언정 남자에게 뵈이지 아니하려고 하는 조선여자들을 위하야 봉사적 생활을 하는 것이 거룩한 사업이라고 생각하고 나의 성격에 맞는 방면이 있음에도 불구하고 여의사가 되기로 결정하였든 것인데 의사가 되고 보니 오늘에 이르러서는 모든 일이 이상에서 어그러져 처음 뜻과는 상거가 천리나 만리나 밖에 간 것 같다.

나의 오늘을 생각할 때 이치치 아니하는 분은 허을의사(海州療養院長 헐의사의 母親)이다. 그는 남자의학교를 세운 세부란쓰병원 어비슨박사와 가치 조선여자들이 의학을 배워가지고 그들로 하여곰 병원을 세우는 동시에 여자의학교를 세우려고 하는 것이 이상이었었다. 그러므로 나와 같은 사람도 그가 택한 사람 중에 하나이었었으니 나로 하여곰 의학을 하도록 모든 편리를 보아 주었다. 생각할사록 홀선생은 나의 은인이다. 그의 주선으로 입학허가를 받어가지고 동경을 향하여 떠났으나 동경가더래도 아는 사람은 어릴때 한번 맞난 이선순양 뿐이었었다. 하관에 나려서 그 동무에게 전보를 쳐야할 터인데 모든 것이 나는 처음인고로 방도를 아지 못했다. 지금 생각하면 꽤 웃음거리가 될 만하지만은 이러한 말 한마듸를 물을 만콤 언어에 능치 못하였음으로 쥐꼬리만한 영어라도 이런 때 써먹을 수밖에 없었다. 팔뚝에 안내자라고 써붙인 사람을 영어로 불너가지고 동경에 전보를 하랴면? 하고 무렀드니 친절히 그가 전보를 쳐주었다. 동경역에서 나려서 그 동무의 안내대로 숙소에 가서 당장에 조선옷을 가러입고 목욕을 가게 되었는데 모도가 처음이요 마음에 안 마질 뿐 아니라 어떻게 되는 셈을 아지 못하였다. 그저 절에 간 색씨모양으로 그 동무하라는 대로만 원숭이 노름을 하며 하로 이틀을 지나고 학교에 입학까지 하였으나 원체 어학이 부족하야 여간 골란을 받은 것이 아니다. 이와같이 시작하였든 나의 五년간 수학생활 중에는 눈물겨운 일과 웃어운 일이 한두 가지가 아니다. 첫째로는 돈이 업어서 배를 주리든 일 조선 풍속대로 어른이 오면 무의식적으로 벌떡 이러서서 인사하다가 무안

본 일 희비(喜悲)의 장면이 적지 않게 가려 있다.

그 중에도 지금까지 이치지 아니하고 무서웠든 생각을 일으키는 것은 1학년 때에 해부학을 처음으로 배우든 인상이다. 해부실에 三, 四개나 되는 시체를 놓아두고 선생과 생도들이 칼을 들고 부분부분으로 각을 뜨며 뼈를 발가내고 내장을 끄내며 두골을 깨여 뇌를 꺼내면서 설명을 듣던 일 기분이 이상해서 사오일식 밥을 잘 먹지 못하든 일이다. 그때 나의 머리 속에는 공부도 공부고 과학도 과학이지만 이 악취 속에 들어서서 사람의 백정 노릇을 하고 나니 이것이 과연 여자로서 능히 할 수 있는 것일까. 이렇지 않고는 살 수가 없는가 하는 의문으로 머리가 복잡하여졌다. 그러나 한 번 의학에 뜻을 두었으니 기어히 맛치리라는 결심을 가지고 마음을 도사리기 무릇 몣번이었을는지 알 수 없다. 특히 내가 二학년 되든 해애 요란한 ○○운동이 이러났다. 공부고 무엇이고 모도 집어치고 정신없이 야단들이니 나도 또한 그 공기에 버서나지 못하였다.

조선으로 돌아와 보니 가정이나 사회가 나의 예상에 버서나지 아니하였다. 나도 그만 학업을 거더치울까 하고 몣번이나 망서리다가 마음을 돌리켜서 동경으로 머리를 숙이고 돌아갔었다. 세상을 잊은 듯이 책상을 향하야 소위 공부라고 하는 것을 다시 하기 시작하였셨으니 그때에 참었든 것이 내가 의사로서 성취한 한 가지 조건이 될는지도 모르겠다.

하여간 이러고 저러고 하는 동안 세월은 자꾸 가서 三, 四학년이 되어 다시 나에게는 번민이 이러났다. 실습이라고 선생 앞에서 환자를 직접 취급하여 진찰은 하지마는 암만 청진기를 귀에 대고 들어보아도 병증을 드러볼 수가 없어서 답답하고 안타까운 마음에 문듯문듯 실망이 되며 참으로 내가 길을 잘못 든 것이나 아닌가 하였다. 그럭저럭하는 동안 四년을 맞이고 소위 졸업이라고 하게 되었다.

졸업후에(大正十年) 바로 고향을 향하여 돌아왔었다. 그러나 졸업이라고는 명칭뿐이요 아무것도 아는 것 같은 생각이 없어 하등의 자신도 없었다. 그러므로 다시 공부를 더하여야 할 터이어서 명함 한 장 소개도 없이 총독부의원(지금 大學병원)원장 「지하결박사」를 찾어가기로 결심하고 처음에 전화책을 들처서 번호를 알어 가지고 자동전화에서 식전 아츰에 본적도 없고 별노 말도 많이 듣지 못한 박사의 사택에 전화를 걸고 나의 출신과 성명을 대여서 면회할 수가 없겠느냐고 물었다. 전화받는 사람이 조곰 기다리라고 하드니 지금 곧 오면 맞날 수 있다고 하기에 그 길로 전화책에서 본번지를 기억하여 가지고 직시 박사를 찾어 갔다. 응접실에서 조곰 기다렸드니 키는 조고마한 늙은이가 점잖은 태도로 문을 열고 들어오드니 친절히 인사를 받고 온수한 음성으로 「길강미생」 선생을 (나의 졸업한 학교교장) 자기가 잘 안다는 이야기와 허영숙씨가 그전에 몇 달 동안 총독부병원에서 열심히 연구하였다는 말이며 여자로서 의학하는 것이 가정에 들어가서 가정을 맡아지내는 것만 같지 못하다는 것을 말하였다. 그러면서 그이는 다시 나더러 무슨 동기로 의학을 하였으냐고 묻기에 나는 간단히 조선여자는 병이 들어서 죽을지언정 남자에게 병 뵈이기를 싫여하는 폐단이 많음으로 여의사가 절실이 필요한 줄 알고 의학을 시작하였다고 대답하였드니 그이는 그렇겠다고 나의 동기에 찬동하는 뜻을 뵈이면서 자기도 조선은 다른 데와 달라 그러한 점으론 여의사가 확실히 필요하다고 느낀 바 있어 시험적으로 여자의 방청생을 몇 사람 허락하고 양성하는 중이라고 까지 말하였다. 그러면서 내일부터 총독부병원으로 오면은 각과 과장에게 소개를 해 줄 터이니 오라고 하기에 감사한 인사를 하고 그 집 문을 나오면서 대짜고짜로 찾아가서 이만하였으면 교제에 성공하였다고 생각하니 너무나 담대한 일을 한 것도 가치 만족하였다. 지금 같으면 염의도 내지 못할 일이었다.

이튼날부터 총독부병원으로 가서 만 二년이상을 내과를 거쳐서 산부인과로 옴기였는데 여자로서 이 직업이 어려운 것은 연구시대인 이때에도 없지 아니하자고 여자라고는 나뿐이니 모도가 초면이라 누구를 돌아보고 의론할만한 사람도 없다. 그렇다하여서 간호부를 다리고 말벗을 삼기도 어렵고 앉을 곳이며 설만한 자리가 모도가 맛당치 않었다. 지금은 여의사 방이 따로 있는 모양이지만은 그때쯤은 여의사실은 그만 두고 점심 먹을 때 자리 하나도 정해 논 곳이 없었다. 그러므로 점심시간이 되면 한식당에서 백여명의 뒤섞인 변또를 각각 찾어가지고 제맘대로 앉어서 먹는데 四방을 둘러보아야 여자라고는 나 하나뿐이니 열적기도 하고 이상스러워서 먹을 수가 없었다. 그러다고 하여서 안 먹을 수도 없고 먹자 하니 마음이 안 놓이고 점심때마다 걱정꺼리다. 이렇게 지내기를 몇달을 하였으니 답지도 못한 고통 여자인 까닭에 남모르게 하였든 것이다.

그러나 그곳에는 설비가 완전하고 지도하는 선생들이 모두 대가들이었기 때문에 새로 배우고 얻은 바가 많었었다.

二년 이상을 지내고 나니 겨우 환자를 볼만한 적으나마 자신이 생기었다. 그리하야 동대문 부인병원의 나의 은인인 홀의사가 부르는대로 응하야 비로소 의사노릇을 하기 시작하였다. 이곳에서 五년간을 지나고 보니 이제는 어느 곳으로 가든지 큰 실수는 아니하리라고 다소 믿음이 생겼음으로 개업처를 구하다 가였다.

제일 내과만 하드래도 의사가 二十여명이다. 모도가 남 시댁의 고향인 이곳 광주로 자리를 잡게 되었다.

이제는 이곳이 나의 제二의 고향이 되고 말었으니 이로부터는 내가 의사로서 얼마나 성공을 하고 내가 의사되는 동기에 얼마나 부합이 되는 활동을 할는지 이것은 나의 소망하는 바 미래의 일이니 지금을 알 수가 없다.

나는 이상과 같이 자신으로는 어려운 길을 밟은 듯이나 생각키지마는 실상 생각하면 아조 평범하고 하얍없는 반생을 지내온 서글픔이 남어 있다.

光州 玄德信

내 主張은 이렇다
– 먼저 統一을 하자

『동광신문』, 1947. 5. 17.

莫府 決定만을 萬古不變의 信條로 내거는 以上 朝鮮問題는 解決 않 될 것입니다. 莫府 會議가 聯合國의 一員인 中國을 除外한 點으로 보아 國際的 信義를 喪失하였으며 朝鮮 獨立의「카이로」宣言을 卽時 實現않은 點으로 보아 莫府 會議의 不誠實을 抽象케 한다는 것은 누구나 아는 일입니다. 莫府 決定의 修正에 對한 用意가 없는 共委 再開는 또 失敗할 것을 豫想할 수 있읍니다. 强國中心의 外交에서 國際 正義에 立脚한 平和的 國際外交를 傳換 식히는 運動이 일어나서 朝鮮 問題를 거기서 解決하도록 하는 同時에 國內의 相克을 中止하고 協同 戰線을 展開해야 理想的일 것입니다. 國內 分裂의 責任이 우리 自體에 있는 것이 아니라 國際 公約에 失信한 分割 占領國便에 있다는 것을 闡明히 强調해야 할 것입니다. 弱者의 武器는 正義의 主張 以外에 없는 것 같습니다. 一便 國際 道義에 呼訴하는 同時에 一便 美蘇 兩國이 朝鮮 獨立 實現으로 어들 共同利益이 무엇이란 것을 우리 自體가 闡明히 提示해 주어야 그들도 妥協이 될 것입니다. 國際 正義가 利益을 超越한데 있는 것이 아닐고 그 利益 獲得 手段의 道義性에 있는 것을 率

直히 提示하야 從來의 帝國主義者들이 쓰든 欺瞞的 懷柔 政策을 버리고 誠意있는 世界平和 政策을 朝鮮 問題解決에서 試示하도록 그들에게 衷心으로 勸告해야 할 것입니다. 國內的으로는 解放 直前의 理念 卽 獨立國家 再建 理念으로 還元해야 自主獨立 路線으로 統一해야 할 것입니다. 共委 再開 前에 行動綱領만이라도 統一되어야 할 것입니다. 朝鮮의 政治的 經濟的 文化的 現實과 國際情勢를 正確하고 綿密히 把握한 志道 理論이 樹立되어서 이 國家 理念 下에 行動의 共同 戰線이 展開되어 共委에 統一된 우리의 提案이 提示되어야 할 것입니다. 朝鮮에 對해 友好國인 中國과 其外 우리에게 好意를 가진 國家 特히 佛蘭西나 英國 等 여러 國家에 對한 外交 活動을 時急히 推進식히어 國際輿論의 마당에서 朝鮮 援護國을 많이 獲得해야 할 것입니다.

- 筆者는 愛國 婦人會 支部長 女醫師 -

花柳病에 對하여

『부인신보』, 1948. 1. 29.~1. 30.

一 전쟁이 인명을 살상하고 물자를 소각하는 것외에 사상적으로 회의주의와 허무주의를 전파하고 따라서 문화면에 있어서 건전치 못한 기형적 문화를 인류사회에 끼치는 一면에 또 우리생활면을 위협하는 기한과 질병을 지래한다는 것은 긴 인류역사가 우리에게 실증해주는 사실이다. 금번 제二차 세계대전의 결과도 제一차 세계대전의 결과와 흡사하여서 사상적 혼란과 기한, 범죄 등의 암흑면이 날로 심각해 가는 一방 부수적으로 질병도 유행되고 있는 것을 볼 때 우리는 이에 대한 정당한 방비책을 강구치 아니치 못하게 한다.

第一次 大戰 以後 세계적으로 유행하든 性병이 各國의 적극적 예방운동으로 인해서 一時 감퇴 되어 가는 경향을 보이 드니 今番 第二次 世界大戰을 계기로 해서 재차 유행할 위험성을 보이고 있다. 더욱히 우리나라에 있어서 공창폐지령이 바야흐로 발족하려 하는 때에 이 성병 예방에 對한 적적한 강구책이 없다면 그 결과로 파생될 폐해는 우리의 예상을 벗서 나서 심대한 영향을 끼치고 家庭平和와 國民生活을 파괴하고 말 것이다. 이에 筆者는 성병에 대한 注意를 환기코저 하는 바이며 간단히 성병에 대한 멧가지 상

식을 기술코저 한다.

(一) 性병의 種類와 流來

화류병 或은 성병이라고도 하고 愛隣病이라고도 하는대 이것은 羅典語로 「돌부스, 웨네레이스」란 말이다. 화류병이라고 명칭한 것은 화류게에서 맷게됨으로 이러케 명칭한 것인데 매독과 임질 軟性下疳 이 세 가지를 말하는 것이다.

一九一三年에 佛蘭西 「리온」 大學敎授 「니코라이」氏가 증명한 亞急性서게 巴肉芽腫病이란 것도 성병의 一種인대 이것은 日本語로 「은고네」라는 것이다.

그럼으로 성병이라면 이 네 가지를 말하는 것이지만 보통은 매毒 淋疾을 主로 생각하게 되며 이 두 병이 주체가 되어 파생적으로 痲痹病 髓病 大腦軟化病 不姙病 虛弱病 등이 련발하게 된다.

림질(淋疾)과 연성하감(軟性下疳)은 태고적부터 동서양에 있는 병이지만 매독은 十五세기때 즉 一四九二년 10월에 「콜럼버스」가 아메리카를 발견하고 그 다음해 삼월에 스페인으로 돌아온 뒤 이 병이 유행했다고 한다. 중앙아메리카 야만인에만 있는 매독병이 「콜럼버스」 一행으로 인해서 스페인에 전파되고 一년이 다 -못되어 불란서 ○일로 전해지게 되었다. 1495년에 불란서에서 대유행을 하였으며 동양에 있어서는 포루도갈군의 대장 「바스코다가-마」가 인도에 치착한 때부터 유행되었는데 불란서의 대유행 후 三

년이 지난 一四九八년에 인도에 들어온 것이다. 그후 三년이 지나 중국에 전파되고 곳이어서 우리나라에도 전해오게 되었는데 唐瘡이라고 한 것은 일본류-규-도로부터 건너온 매독을 류-규-창 혹은 당창이라고 해왔든 것이다.

(二) 性病 傳染의 經路와 症狀

淋病 -이것은 접촉 전염을 하는 것인대 남녀 접촉 이외의 동기로도 전염되는 수가 있다.

남녀접촉에 인할 때는 생식기의 공선 眼結膜 비적膜 口공점 直장점으로부터 임균이 침입하게 된다.

初生兒가 눈이 머는 예가 많은대 이것은 분변시에 모체의 임균이 유아의 눈에 들어가서 농眼 즉 風眼이 되기 때문이다. 또 소년이나 소녀가 전염받는 수가 있는대 이것은 침구를 가티하고 수건을 가치 쓰들 인해서 전염되는 것이고 그 외에 목욕탕에서 전염되고 또 기타 불결한 곧에서 남편되는 이가 임균을 가저다 그 부인에게 전해주는 것으로 해서 그 부인이 수 道炎子宮 內막염선 팔管내란소담 「바르트린」씨의담 등의 병을 갖게 된다.

이런병 즉 내막염을 가진 婦人의 남편으로서 임질이 없는 사람은 거이 없다 해도 과언은 아니다. 이러케 자궁내막염에 걸니면 半年내지 一年間을 치료해도 「고노골겐」균은 完全히 없어지지 않고 잠복해 있다가 분면 시에 산열(맹염)을 發生케 한다. ○타에 나팔관

염이나 란소염도 임질로 인해서 생기는대 이 병이 생기면 불임중, 관절염이 따라 생기고 복막염이나 심장내막염으로 生命을 빼앗기는 것도 이 병 때문이다.

매독도 접촉전염을 하는 것인대 생식기는 물론이고 손, 입술을 통해서도 전염된다. 特히 表피가 째진 곧이나 염막을 더 잘 통해 들어노는 고로 지페를 돌 때 손끝에 침을 발르는 것도 위험한 짓이다.

선천매독이라는 것은 父母의 매독이 유전된 경우인데 이 결과로 流產, 死產, 早產을 하기 쉽다.

유모를 두어 아히를 기를 때 유모에게 매독이 있으면 乳兒에게 전염되는 수가 있음으로 主義해야 한다. 전염 후 三주日 내지 五주日 間의 第一 잠복期에는 이 세가 나타나지 않음으로 자기도 모르고 타인에게 전염 식히기도 쉬운 것이다.

선천 매독을 가진 乳兒는 出產을 해서 벙어리가 되기도 쉽고 귀먹어리 장님이 되기 쉬우며 정신쇠약 저능아 불량소년이 되기 쉬운 것이다. 또 모발이 탈락하고 후두를 침범해서 목이 쇠게 되고 뇌막염 뇌추혈 等이 다 -매독의 結果로서 나타나는 병이다.

(三) 性病과 그 對策

성병의 전염은 상술한 바와 같이 거개가 남자들의 무절제한 불품행에서 오는 것으로 가정평화의 파괴자도 남자의 책임이 불건

전한 자녀를 갖게되는 것도 남자의 책임이라고 할 수 있다. 따라서 국민생활을 좀 먹는 모든 죄악의 책임을 남자가 저야할 것이다. 문화가 발달하야도 사생활을 하는 경향이 더해가는 데 따라 이 병마에 침범되는 경향도 현저하게 된다. 佛蘭西, 瑞西, 洪牙利, 獨逸, 白義耳, 西班牙, 日本 등에서 공사창을 아직도 폐지치 못하고 있는데 이 결과로 성병의 유행도 차등국가가 더 많은 것은 물론이다. 공사창을 폐지하고 남자들이 자기 가정이 의에서 그 향락을 구하지 안는 것이 성병 절멸의 한 가지 방법이라고 할 수 있다.

또 다른 적극적 절명책은 전염의 근원을 적극적으로 근절시키는 동시에 병자의 치료를 적극적으로 해야하는 방법이다. 四十八年 白義耳 「부랏셀」에서 처음으로 국제적 성병방지 회의가 개최되었섰는데 그 후 각국에서 법적으로 성병 예방책을 강구하게 되었다.

一반 사회교육과 가정학교를 통해서 성병의 해독과 전염의 위험성을 가르키고 국가적으로 그 방지책을 추진시키어 국민 보건운동을 완수해야할 줄 믿는다.

현덕신 연보

1896년 1월 12일	황해도 용강에서 1남 2녀 중 막내로 태어나다
1910년 2월	소학교 졸업 후 오빠 현석칠을 따라서 평양으로 이사하다
1911년 4월	서울 이화학당에 입학하다.
1915년 3월 31일	서울 이화학당(중등과) 제8회로 졸업하다 (졸업생: 김매영, 김심억, 김원주, 박승일, 박승호, 박순애, 서거라, 신입아, 이인애, 장선호, 임배세)
1915년 6월 2일	평양 사립 진명여학교 교사로 정순애와 함께 부임하다
1916년 10월	로제타 홀의 권유와 추천으로 일본 동경으로 유학을 떠나다
1917년 2월	일본 동경여자의학전문학교 입학시험 합격하다
1917년 3월	일본 동경여자의학전문학교에 입학하다
1917년 10월 17일	동경여자유학생친목회 임시 총회에서 회계로 선출되다 (회장 김마리아, 총무 나혜석, 서기 정자영, 부서기 김충의)
1918년 9월 10일	『여자계』 3호에 「졸업생 諸兄에게 들임」을 발표하다
1919년 1월	독립자금 40원을 김마리아를 통해서 전달하여 2·8독립선언 준비자금으로 쓰이다
1919년 2월 8일	일본 도쿄 조선YMCA회관에서 열린 2·8독립선언에 참여하여 체포 유치되다
1920년 1월 4일	여자 일본 유학생들이 조선여자유학생학흥회(朝鮮女子留學生學興會)를 조직하다 (회장 유영준, 부회장 현덕신 등의 임원을 구성하고 『여자계』 4호를 발간하다)
1920년 3월 1일	일본 도쿄 히비야공원에서 3·1만세운동 1주년 기념 만세운동을 전개하다가 검속되다

1920년 3월 29일	'조선여자의 종교심 향상과 단결을 확고히 할 목적'으로 유영준, 송복신과 여자기독교청년회를 발기하다
1920년 4월 1일	동경에서 유학하는 조선여학생 친목회가 발행하는 잡지 『여자계』를 확실히 후원하기 위하여 여자흥학회를 조직하다 (회장 유영준, 부회장 현덕신, 총무 김숙경, 서기 송복신, 한소제, 회계 박경선, 황신덕, 검사 이선행)
1920년 6월 25일	『여자계』 5호에 「새 世界가 다시 왓네」를 발표하다
1920년 7월 8일	일본경시청의 비밀문서에 조선청년독립단 대표 백관수와 같은 1급의 요시찰 인물로 감시를 받다
1921년 1월 11일	『여자계』 6호 「婦人金句」를 발표하다
1921년 11월 24일	동경여자의학전문학교를 조선 여성으로 정자영, 박정자, 허영숙에 이어 네 번째로 졸업하다
1922년 1월	동경여자의학전문학교를 졸업하고 서울 죽첨정 부인성서학원에 유숙하다
1921년 1월	조선총독부의원에서 근무를 시작하다
1921년 1월 30일	예수교청년연합회 주최 남녀연합대강연회에서 「백절불굴」이라는 주제로 강연을 하다
1923년	로제타 홀이 서울 동대문 부인병원에서 근무를 요청하여 동대문부인으로 옮기다. 부인과와 소아과 의사로 정신여학교 생물교사를 겸임하다
1923년 6월 16일	종로중앙예배당에서 김창준 목사의 주례로 동아일보 기자인 최원순과 결혼을 하다
1924년 5월 8일	서울 중앙청년회관에서 공창제폐지 기성회가 주최한 강연회에서 「공창제 폐지와 사회결합」이라는 주제로 강연하다
1924년	서울 기독교여자청년회 회장을 맡다
1924년 11월 26일	『조선일보』에 「첫길에 압장선 이들(4)- 육체의 병과 정신의 병을 다 치료-여자기독교청년회장 현덕신녀사」로 소개되다
1924년 12월 12일	서울 중앙청년회관에서 열린 경성여자기독교청년회 2주년 기념식 개회사를 하다. (700여 명이 참가한 가운데 조

1924년 12월 12일	선여자청년회회장인 1부에서는 신알벳트의 축사, 정신찬양대의 「야옹야옹」 노래, 2부 행사에서는 영국, 중국, 미국, 남아프리카, 프랑스, 인도, 러시아, 일본, 이탈리아, 터키, 체코슬로바키아인으로 변장하여 각 나라의 여자기독교청년회 대표로 축사를 하다)
1925년 1월 1일	『조선일보』에 '여자기독청년(女子基督靑年) 숙사(宿舍)·목장(沐場) 여자위하야 설비」라는 기사에 경성여자기독교청년회장의 활동으로 소개되다
1925년 1월 3일	『동아일보』에 「초임부의 주의할일」를 발표하다
1925년 2월 20일	아들 상옥을 낳다
1925년 5월 15일	서울 인사동 태화여자관 안에 태화진찰소 아동건강후원회에서 1년에 한번이라도 태화진찰소에서 진찰을 받은 어린이들 대상으로 건강진단을 하다 (세브란스 박위병, 박선이와 간호사 5명, 동대문부인병원에서는 현덕신과 간호원장과 간호사 4명, 태화진찰소의 의사 유영준이 함께하다)
1925년 5월 21일	동대문부인병원 폐지반대연맹회에 참여하고 「결의문」을 채택하다 (단체로는 조선여자기독교 청년회, 조선여자청년회, 동대문의원간호청년회, 간호부회, 조선여자기독교청년연합회, 개인으로는 현덕신, 유영준, 정자영, 윤보영, 안수경이 참가하다)
1926년 1월 6일	『동아일보』에 「빈부와 의료기관」을 발표하다
1926년 3월	동대문부인병원 이사회에서 문제적 인물인 라저서를 무기휴직시켰다가 며칠 만에 복직시킨 것에 대하여 기만적인 수단과 비의적인 행위에 간호사와 학생 일동이 분개하여 「질의서」를 현덕신, 유영준, 안수경, 김순복의 이름으로 제출하다
1926년 5월 14일	태화여자관에서 어린이건강후원회에서 주최하는 건강진단을 실시하다 (유영준, 간호원장 노신복 김성학, 세브란스 소아과 구영숙과 의학박사 김창세, 동대문부인병원의 현덕신과 간호사들이 참여하다)
1926년 7월 1일	긴 머리채를 자르고 단발을 하다

1926년 12월 1일	『기독신보』에 「조선에 여병원이 필요한 이유」를 발표하다
1926년 12월 8일	『매일신보』에 「무엇부터 곳칠가(1), 우리가정 생활에 위생 상식이 필요」대담을 하다
1927년 1월 2일	『조선일보』의 「여류명사 가정문제 합평회 속 연애·육아문제를 여하히 할가」 대담에 참여하다
1927년 1월 11일	『중외일보』에 「성교육 가부문제-다섯가지 리유에서 성교육의 절대필요」를 발표하다
1927년 2월 1일	『별건곤』 4호에 「인습타파 신생활창조의 제일보, 내가 새로 실행하는 일 -끗까지 단발(답)」을 얘기하다
1927년 2월 1일	『별건곤』 4호에 「결혼하기 전과 결혼한 후, 독신주의로부터 결혼에」를 발표하다
1927년 1월 1일	『별건곤』 5호에 「해내 해외에 헛허져 잇는 조선여의사 평판기」에 현덕신에 대한 평이 실리다
1927년 2월 15일	국일관에서 동경여자유학생친목회를 조직하여 기관지를 발행하고 부인운동을 개시하기로 하다 (현덕신 유영준, 정지영, 최덕상, 허영숙, 진숙봉. 길먹석, 황신덕, 리현경, 황귀경, 박흥준, 김명순 등이 참석하다)
1927년 4월 14일	재경동경여자유학생친목회의 발의로 준비위원이 되다 (류영준, 리현경, 김활란, 유각경, 황신덕)
1927년 4월 16일	조선일보사 2층에서 재경동경여자유학생친목회 간담회를 열고 일본, 중국, 러시아, 미국 기타 구주 각국에서 유학하고 돌아온 이들 참여를 요청하다
1927년 4월 28일	근우회 발기총회 창립준비위원으로 선임되다
1927년 5월 27일	근우회 창립총회가 열리다
1927년 5월 29일	27인의 근우회 집행위원회가 열리다. 이덕요, 주세죽, 강정희 임순분과 함께 '사찰'과 집행위원으로 정치연구부 상무위원으로 피선되다. 4월 16일을 '여자날'로 결정하다
1927년 6월 12일	숙명여고보 분규사건 (교원들이 학생들 집 개별 방문, 학부형에게 등교 여부 의견 개진) 해결 기미가 보이지 않자 근우회는 중앙예배당에서 위원회를 개최하고 현덕신, 황신덕, 김선을 조사위원으로 선정하다

1927년 7월 20일~21일	『동아일보』에 「여름철의 어린아이 위생」 연재하다
1927년 10월 1일	『별건곤』 9호에 「단별여보」가 실리다
1927년 10월	남편 최원순이 폐병으로 요양을 위해 고향인 광주로 이주하자 광주군 수기옥정 35번지에 현덕신병원을 개원하다
1928년 10월 12일	구제금으로 5원을 기부하다
1929년 5월 29일	현덕신과 김홍은이 주도하여 근우회 광주지회 창립총회기 45명의 회원이 참가한 가운데 흥학관에서 개최되다
1929년 7월 9일	경북기근구제금으로 3원을 기부하다
1929년 7월 27일~29일	근우회 제2회 전국대회가 대회가 3일 동안 열리다 (정칠성 중앙집행위원장, 중앙집행위원 한신광, 황신덕, 정종명, 박호신, 이봉근, 최옥동, 우봉운, 우덕희, 김선, 허정숙, 백덕수, 박은덕, 김온, 김영순, 최채금, 김정원, 전순구, 김순희, 김경의, 이춘촌, 김필례, 제영순, 박차정, 성석순, 최수자, 전혜덕, 김성은, 이현욱, 김순실, 박은형, 최선애, 현덕신, 유보경 중앙검사위원 김수준, 신정균, 조신성, 김동희, 윤재순, 김상순, 김홍은)
1930년	광주 기독교여자청년회 2대 회장으로 선임되어 3년간 활동하다
1931년 11월 10일	광주에서 재만조난동포구제회를 조직하여 호남은행 2층에 사무실을 두고 임원을 선정하다 집행위원장 현준호, 상무위원 김필례, 현덕신, 유상원, 최현숙, 최영균, 전용기, 김용환, 최승식으로 선정되다. 동정금품을 모집하기 위해서 남부위원으로 김필례, 현덕신, 최영균, 유상원, 김유성, 김명신, 간덕환, 북부위원으로 김용환, 최현숙, 최승식, 강태성, 김기호, 전용기가 선정되다
1932년 5월 6일~7일	조선일보 광주지국에서 주최하고 중앙예배당에서 열리는 <육아법 강좌>에서 김필례는 '아동심리와 지도방법', 현덕신은 '아동위생과 영양문제'로 강연을 하다
1932년 10월 20일	제2회 편물강습회 신청을 현덕신병원에서 받다. 호남은행 2층에서 10일 동안 강습회를 개최하다

1933년 1월 1일	『삼천리』 5권 1호 「반도에 기다-인재를 내인 영미러일 유학사」에 현덕신에 관하여 언급되다
1935년 3월 22일~23일	광주여자기독교청년회에서 주최하고 조선일보 광주지국 후원으로 중앙예배당에서 열린 부인강좌에서 「성병」과 「부인병」에 대하여 강연하다
1935년 11월 1일	여성잡지 『신가정』 3권 11호에 「女醫師가 되기까지의 苦心記」를 발표하다
1935년 6월 1일	『삼천리』 7권 5호 「영부인학력등정기」에 현덕신이 언급되다
1936년 7월 6일	석아정을 짓고 요양하던 남편 최원순이 사망하다
1942년	유화례 선교사가 키우던 미감아 진주를 입양하다
1945년	건국준비위원회 부인회장으로 선임되다
1947년 5월 17일	『동광신문』에 「내 主張은 이렇다 - 먼저 統一을 하자」를 발표하다
1948년 1월 29일~30일	『부인신문』에 「화류병에 대하야」를 발표하다
1948년 3월 24일	전라남도 선거위원회 위원이 되다
1950년 4월 16일	대한부인회 전라남도지부장이 되다
1947년~1949년	광주 YWCA이사로 활동하다
1949년 10월 3일	현덕신병원에 신생유치원을 개원하다
1951년	신생보육학교 설립하고 원장에 취임하다
1963년 7월 5일	현덕신 사망하다
2020년 3월 1일	현덕신과 최원순 부부, 독립유공자로 서훈을 받다

| 참고문헌 |

국가보훈처 공훈전자사료관.

국사편찬위원회, 『한민족독립운동사』 9권, 1991.

국사편찬위원회 한국사 데이타베이스.

광주YWCA70년사 편찬위원회, 『광주YWCA 70년사』, 1992.

셔우드 홀, 『닥터 홀의 조선회상』, 좋은씨앗, 2003.

김성은, 「로제타 홀의 조선여의사 양성」, 『한국 기독교와 역사』 27, 2007.

김창순 · 김준엽, 『한국공산주의 운동사』 2, 청계연구소, 1986.

성명현, 「동우회순회연극단의 활동상과 신극사적 의미고찰」, 『지방사와 지방문화』 21권 2호, 2018.

서울YWCA, 『서울YWCA80년사』, 2002.

양국주 편저, 『도마리아 조선에 길을 묻다』, serving the people, 2015.

이덕주, 「현석칠 목사의 목회와 민족운동」, 『신학과 세계』 73, 2012. 3.

______, 『태화 기독교사회복지관의 역사: 1921-1993』, 태화기독교사회복지관, 1993.

이무영, 「二 · 八 前後」, 『자유문학』 3권 1호, 1958.

현덕신, 「끗까지 단발, 동대문부인병원」, 『별건곤』 4호, 1927. 2. 1.

______, 「結婚하기 前과 結婚한 後, 獨身主義로부터 結婚에」, 『별건곤』 4호, 1927. 2. 1.

______, 「졸업생 제형에게 드리는 말씀」, 『여자계』 3호, 1918. 9.

______, 「새 셰계가 다시왓네」, 『여자계』 5호.

Mrs. D. S. Hyun, M. D. 「The Necessity Of Women's Hospitals」, 『The Korea Mission Field』, 1927. 2.

· 신문

『기독신보』, 1916. 7. 28.
『기독신보』, 1919. 12. 29.
『기독신보』, 1926. 10. 27.
『기독신보』, 1926. 12. 1.
『기독신보』, 1926. 12. 8.
『동광신문』, 1947. 3. 9.
『동광신문』, 1947. 3. 28.
『동광신문』, 1947. 4. 15.
『동광신문』, 1947. 5. 6.
『동광신문』, 1947. 5. 9.
『동광신문』, 1949. 1. 1.
『동광신문』, 1949. 5. 1.
『동광신문』, 1949. 7. 1.
『동아일보』, 1925. 5. 23.
『동아일보』, 1926. 1. 6.
『동아일보』, 1927. 4. 28.
『동아일보』, 1927. 5. 27.
『동아일보』, 1927. 5. 29.
『동아일보』, 1927. 6. 12.
『동아일보』, 1927. 6. 19.
『동아일보』, 1927. 10. 30.
『동아일보』, 1928. 1. 6.
『동아일보』, 1929. 6. 16.
『동아일보』, 1929. 7. 31.
『매일신보』, 1912. 3. 19.
『매일신보』, 1915. 6. 2.
『매일신보』, 1922. 1. 31.
『매일신보』, 1923. 8. 2.
『매일신보』, 1926. 12. 8.
『매일신보』, 1927. 2. 15.
『매일신보』, 1931. 12. 17.
『매일신보』, 1937. 4. 6.
『부인신문』, 1948. 8. 22.
『조선일보』, 1924. 5. 8.
『시대일보』, 1924. 6. 28.
『조선일보』, 1924. 11. 26.
『조선일보』, 1924. 12. 14.
『조선일보』, 1925. 1. 1.
『조선일보』, 1925. 5. 22.
『조선일보』, 1926. 1. 30.
『조선일보』, 1926. 3. 8.
『조선일보』, 1926. 3. 9.
『조선일보』, 1926. 3. 10.
『조선일보』, 1926. 7. 4.
『조선일보』, 1927. 2. 15.
『조선일보』, 1927. 4. 27.
『조선일보』, 1927. 5. 29.
『중외일보』, 1927. 1. 11.
『중외일보』, 1927. 2. 15.
『중외일보』, 1927. 4. 14.
『중외일보』, 1927. 4. 27.

조선의 여성을 위해 의사가 된 독립운동가

현 덕 신

펴낸날 1판 1쇄 2023년 2월 6일
지은이 이동순
펴낸이 주소현
펴낸곳 이화여자대학교출판문화원
주소 서울특별시 서대문구 이화여대길 52(우 03760)
등록 1954년 7월 6일 제9-61호
전화 02) 3277-2965 (편집), 02) 362-6076 (마케팅)
팩스 02) 312-4312
전자우편 press@ewha.ac.kr
홈페이지 www.ewhapress.com
책임 편집 민지영
디자인 정혜진
찍은곳 한영문화사

ISBN 979-11-5890-483-8 03990
값 20,000원

* 잘못된 책은 구입처에서 바꾸어 드립니다.